ソーシャル就活ガイドブック

SDGs時代における
Z世代の選択肢

安齋徹・新保友恵

三恵社

はじめに

　なぜ今、「ソーシャル就活」なのか？　それは企業も個人も「ソーシャル」化しているからです。

　SDGs時代に利益のみを追い求める企業は生き残れません。CSR（企業の社会的責任）やCSV（共有価値の創造）は一般化し、Environment（環境）、Social（社会）、Governance（企業統治）に配慮したESG経営が王道になっています。一方、かつての「会社人間」モデルは終焉し、人々の社会貢献意識が高まっています。とりわけZ世代の若者は本気で「社会を変えたい」と願っています。このように企業も個人も「ソーシャル」化している中、「社会のために貢献したい」と考える学生が「社会のために貢献している」企業に就職するための活動を「ソーシャル就活」と命名し、皆さんの背中を押すために本書を執筆しました。

　筆者2人には3つの共通点があります。第1に様々なビジネス経験を経てから大学教員に転身していることです。酸いも甘いも含め企業社会の実態を経験しています。第2に働きながら大学院で「社会デザイン学」を学んだことです。未来に向けた共生的な社会のデザインを描きかつ実践できる人材を育成することに強い情熱を持っています。第3に現状の就職活動に危機感を持っていることです。盲目的に就職ナビサイトに翻弄され暗中模索でさまよう学生を大学のキャリア教育、キャリア支援の現場で数多く見てきました。学生が能動的に考え、主体的に情報を収集し、自ら行動する就職活動にして欲しいと切に願っています。

　安齋徹は、企業に28年間勤め、営業・企画・事務・海外・秘書・人事・研修など様々な業務を経験しました。働きながら大学院に通い「企業人のボランティア」をテーマに研究しました。群馬県立女子大学、目白大学を経て現在は清泉女子大学で教鞭を執っています。日本で唯一の地球市民学科において「教室を飛び出す学び」を通じて、閉塞感漂う社会や企業に少しでも風穴を開けられるような元気と勇気のある人材を育成しています。

　新保友恵は、企業在職時に新規学卒未就職者の育成に携わったことをきっかけに、キャリア支援職に転身しました。就職活動を1年以上続けても内定を得られず、進路が決められなかった彼らの悔しい経験を聞いたことから「学生のうちに、社会を知り、自ら考え、伝えられる人になる手助けがしたい」と考え、大学

3

でのキャリア教育に取り組んでいます。

　第1章では企業を取り巻く状況、第2章では個人を取り巻く状況を概観し、な
ぜ今「ソーシャル就活」であるかを考えます。第3章ではSDGsとは何かを学
び、第4章ではSDGsの17の目標別の企業の活動を紹介します。第5章では改め
て気候変動、脱炭素、ジェンダー平等などの社会的課題をおさらいしながら、そ
れぞれのテーマに関連する企業の活動を紹介します。第6章ではソーシャルビジ
ネス、第7章ではNPO・NGOについて理解を深め、就職先の選択肢を広げます。
そして第8章では「ソーシャル就活」に向けて自力で調べることのできる情報源
を提示します。

　本書を通じて「ソーシャル就活」という考えが些かなりとも広がり、皆さんの
就職活動の充実感や満足感が少しでも高まる一助となれば幸いです。

　2024年春　希望を胸に青空を見上げながら

安齋徹
新保友恵

【担当】

安齋徹　　第1章〜第5章、第8章

新保友恵　第6章〜第7章

なお、本書の内容は筆者の個人的な見解であり、所属する大学や組織とは全
く関係ありません。企業などの記事は基本的に公開された情報に基づいて執
筆しており、あくまで「ソーシャル就活」に向けた手がかりを提供すること
を目的にしています。実際の就職先の選定にあたっては、自分自身の責任に
おいて調査・分析し、判断・行動してください。

ソーシャル就活ガイドブック
目次

第 1 章　企業を取り巻く状況

　なぜ、今「ソーシャル就活」なのか？　第 1 章では企業を取り巻く状況から考えてみましょう。

1－1　持続可能な発展

　「持続可能な発展」という概念が公式に打ち出されたのは、国連の「環境と開発に関する世界委員会」による「ブルントラント報告書」（1987 年）です。経済成長中心のシステムからの転換を訴え、人間と自然の共生の上に経済活動があると指摘しました。地球環境の持続可能性が中心的議題として議論されたのは、1992年ブラジルのリオで開催された環境サミット「国連環境開発会議」でした。1990年代の半ば以降になると環境問題にとどまらない議論が展開されていきました。2002 年南アフリカのヨハネスブルグで開催された「持続可能な開発に関する世界サミット」では、経済成長と公平性、天然資源と環境保全、社会開発、仕事、食糧、教育、エネルギー、健康管理、水、衛生設備、文化的・社会的多様性、労働者の権利の尊重などの問題が広範に議論されました。こうした課題の取り組みに当たっては、企業・政府・市民社会のセクターを超えたパートナーシップの重要性が強調され、企業に期待される役割も大きくなっていきました。「持続可能な発展のための企業行動」という会議で当時のアナン国連事務総長は「今日では企業が政府や市民社会、そしてもちろん労働組合など他の主体とパートナーシップを組み、一丸となって取り組むことなしには、恒久的で効果的な解決策は生まれないという認識が高まっている」と述べています。（谷本、2006：82-85）

　企業は社会と密接な相互関係性を持って活動していますが、従来は経済に主軸を置き、社会に関わる問題は企業経営の中心的課題ではありませんでした（谷本、2006：59）。しかし、近年企業はグローバルな文脈の中でも社会との関わりを強め

ています。

1－2　経済と環境・社会の関係性

　20 世紀型産業社会では経済成長が中心であり、環境・社会は与件（与えられた条件）に過ぎませんでした。企業はステーク・ホルダー（利害関係者）を組み込みながら社会システムを形成していました。1970 年代には新しい社会運動が勃興し、1980〜90 年代になるとグローバリゼーションの負の側面への批判が強まりました。経済は環境・社会とのバランスが求められ、ステーク・ホルダー側から企業への批判が高まり、一方で NPO や NGO が台頭しました。2000 年代以降は持続可能な発展が追求され、経済は環境・社会の中でこそ成立するという考えが定着し、企業とステーク・ホルダーは対話の機会を作り出すようになりました。（谷本、2013：4）

図表 1 － 1　ＣＳＲを取り巻く概念の変遷

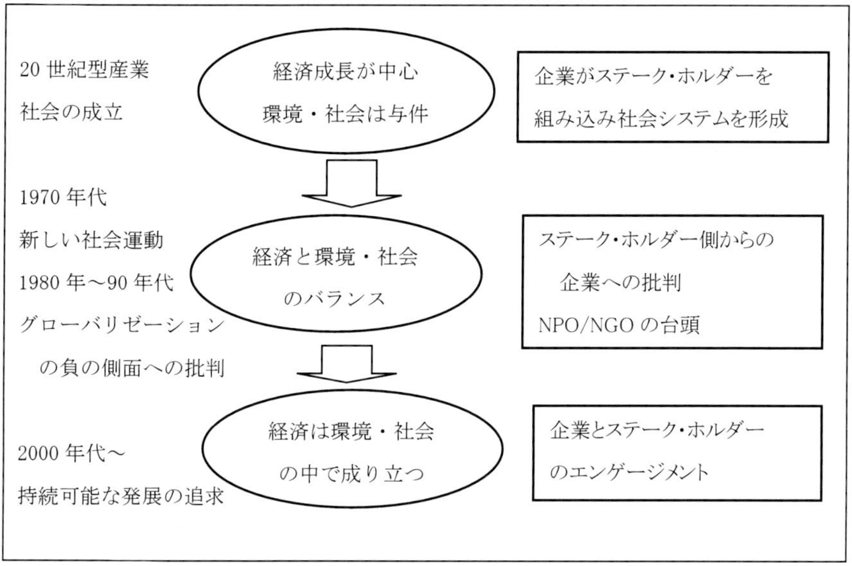

出典：谷本寛治、2013 年、『責任ある競争力　CSR を問い直す』、NTT 出版、

　　P.4　図 0-1（一部修正）

1-3 CSRとは

CSR（Corporate Social Responsibility＝企業の社会的責任）の定義は多様です
が、早稲田大学の谷本寛治先生は「企業活動のプロセスに社会的公平性や倫理性、
環境や人権への配慮を組み込み、ステーク・ホルダーに対してアカウンタビリテ
ィ（説明責任）を果たしていくこと」と定義しています。（谷本、2006：59）

企業とステーク・ホルダーの関係は、一般に共通の利得を求めて協働しあった
り、お互いに独立した立場から相互に牽制し合ったりします。（谷本、2006：21）

図表1-2　企業とステーク・ホルダー

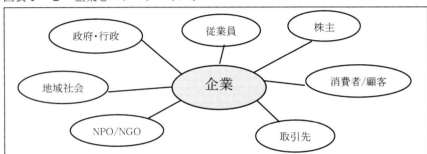

出典：谷本寛治、2006年、『CSR　企業と社会を考える』、NTT出版、P.23 図1-2

　図表1-3　これまでの企業とステーク・ホルダーの関係

株主	法人間の株式相互持ち合い→内向きのネットワーク、相互信認の獲得
従業員	企業内労働市場：長期的な雇用関係→強いコミットメント、企業内労働組合
消費者	豊かさの追求、モノの消費を通じた自己表現
コミュニティ	地域共同体の解体（地縁→社縁）、開発の対象、市民社会組織の未成熟
環境	環境＝所与、環境対策＝コスト、公害・直接被害に対する訴訟、法律による規制
政府	政府－行政－企業・財界、相互依存の閉じたネットワーク

出典：谷本寛治、2006年、『CSR　企業と社会を考える』、NTT出版、P.23 表1-2
　　（一部修正）

　これまで企業とステーク・ホルダーは安定的な関係を築いてきました。企業と

株主は株式を持ち合い相互信認の関係にありました。従業員は特定の企業に暗黙の長期的雇用関係を持ち、強くコミットメントする内部労働市場を形成していました。（谷本、2006：22）

　しかし、企業とステーク・ホルダーの関係は近年変わりつつあります。株式の相互持合いは解消し、モノ言う株主が出現しています。日本的雇用慣行も変化し、会社への忠誠心は薄まっており、一方で、NPO/NGO も台頭しています。

図表1−4　変わりつつある企業とステーク・ホルダーの関係

株主	株式持ち合いの解消、モノ言う株主の出現、SRIの広がり
従業員	日本的雇用慣行の変化、会社人間への反省、能力主義の徹底
消費者	消費者意識の変化、エコへの関心、エシカル消費
コミュニティ	企業市民としての地域社会と関わり、NPO/NGO とのコラボレーション
環境	環境経営、ISO14001 認証、環境報告書/サステナビリティ報告書の発行
政府	NPO/NGO セクターを交えた新しい関係の構築、CSR 支援の動き

出典：谷本寛治、2006 年、『CSR　企業と社会を考える』、NTT 出版、P. 44　表 1-4
　（一部修正）

　CSR には3つの次元があります。経営活動のあり方、社会的事業、社会貢献活動です。第1の経営活動のあり方とは、企業経営そのものを問うことです。CSR の基本は、経営活動のプロセスに社会的公平性・倫理性、環境や人権への配慮を組み込むこと、そしてステーク・ホルダーに対してアカウンタビリティを明確にすることです。第2の社会的事業とは、社会的な商品・サービスの提供や、事業の開発を行うこと、社会的な課題の解決をビジネスとして取り組み、新しい可能性を示すことです。第3の社会貢献活動は、経営資源を活用したコミュニティへの支援活動、いわゆるフィランソロピー活動（社会貢献活動や慈善活動）です。（谷本、2013：25-26）

図表1-5　ＣＳＲの３つの次元

① 経営活動の あり方	経営活動のプロセスに社会的公正性・倫理性、環境や人権などへの 配慮を組み込む（戦略的組み込み）
	環境対策、採用や昇進上の公平性、人権対策、 製品の品質や安全性、途上国での労働環境、情報公開など
② 社会的事業	社会的商品・サービス、社会的事業の開発
	環境配慮型商品の開発、 障がい者・高齢者支援の商品・サービスの開発、エコツアー、 フェアトレード、地域再開発に関わる事業、SRIファンドなど
③ 社会貢献活動	経営資源を活用したコミュニティへの支援活動
	本業から離れた支援活動（金銭的/非金銭的寄付） 本業の技術・ノウハウを活用した支援活動

出典：谷本寛治、2013年、『責任ある競争力　CSRを問い直す』、NTT出版、P.25 表1-1
　　（一部修正）

１－４　ＣＳＶ論の勃興

　CSV（Creating Shared Value：共有価値の創造）とは、企業と社会の両方に価値を生み出す企業活動を促進する経営モデルです。これまで豊かさの創造を通じてより良い社会づくりに貢献してきた企業が、時代の変化に対応して社会のニーズに応え、これからも長期的に発展していくための経営のあり方を提示するものであると指摘されています（赤池・水上、2013：10）。CSVはハーバード大学のマイケル・ポーターらが2011年に提唱した経営モデルです。経営戦略論を過去一貫して主張してきたポーター自らが社会的価値に軸足を置いたことから脚光を浴びています。

　歴史的に、社会的価値を起源とするソーシャル・セクター（NPO/NGO等）と経済的価値を起源とするビジネス・セクター（企業）の関係は、長い「対立」の時代から、CSR活動の認知・浸透により社会的価値が「保護」される時代を経て、相互に共通価値を産み出す「共創」の時代に突入しています。20世紀を通じて長く続いた「対立」の時代には、ビジネス・セクターの最優先事項は収益でした。社会的

課題に起因するコストの一部がソーシャル・セクターに一方的に賦課され、公害問題が発生し、ビジネス・セクターとソーシャル・セクター間で「対立」が発生しました。1990年頃を境に、地球環境問題の顕在化や欧米企業のグローバル化の進展による先進国と途上国の格差問題の露呈などを背景に、いわゆるCSR活動が企業の重要課題として広く認知されるようになりました。企業は社会課題に起因するコストをソーシャル・セクターと応分に負担し、かつその行為を広く社会にアピールし、企業価値を「保護」するようになりました。これが21世紀に入り、ビジネス・セクターとソーシャル・セクターの更なる連携が進み、価値の「共創」の時代に突入しています。CSVはまさにこの「共創」の時代を示すキーワードです。（藤井：2014：27-29）

図表1－6　ビジネス・セクターとソーシャル・セクターの関係

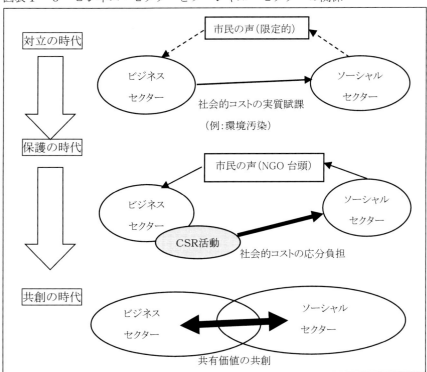

出典：藤井剛、2014年、『CSV時代のイノベーション戦略』、ファーストプレス、P.28

CSR は CSV との対比で表現されることが多いですが、マイケル・ポーターは 2011 年の論文の中で両者を比較しています。（ポーター・クラマー、2011：29）

図表 1 - 7　ＣＳＲとＣＳＶ

CSR		CSV
価値は「善行」	→	価値はコストと比較した経済的便益と社会的便益
シチズンシップ、フィランソロピー、持続可能性	→	企業と地域社会が協働
任意あるいは外圧	→	競争に不可欠
利益の最大化とは別物	→	利益の最大化に不可欠
テーマは外部の報告書や個人の嗜好によって決まる	→	テーマは企業ごとに異なり内発的
企業業績やCSR予算の制約	→	企業の予算全体を再編成
例：フェアトレードで購入	→	例：調達方法の変更により品質と収穫量が向上

出典：マイケル　E. ポーター、マーク　R. クラマー、2011 年、編集部訳、

「経済的価値と社会的価値を同時実現する共通価値の戦略」、

『DIAMOND ハーバード・ビジネス・レビュー』所収、第 36 巻第 6 号、ダイヤモンド社、P.29

　一般的に、CSR は企業戦略とは別に位置づけられ、本業とは別予算で行われるのに対し、CSV は企業の競争に不可欠であり利益創出の源泉としての活動と捉えられます。CSR は社会の一員として企業が「善い行い」をすることであるが、CSV では社会的価値と同時に経済的価値を創造することが必須です。（藤井、2014：29-30）

　CSV は次世代の経営戦略として位置付けられています。企業が CSV を経営戦略として取り組む意義は以下の通りです。（赤池・水上、2013：21-23）

　第 1 に将来を見通した持続可能な戦略を構築できることです。CSV は、社会の問題、社会の構造、トレンドなどを見極めて、広い視野から考えるものであり、

長期的に持続可能な戦略を構築することができます。

　第2にイノベーションの創出です。CSV は、社会・環境問題と自社の強みとの関係、社会と自社事業との相互関係など新しい視座やレンズを提供します。また CSV はステーク・ホルダーとの協働により実践されることもあります。そうした営みを通じて新たな価値、イノベーションが創出されます。

　第3グローバル化への対応です。新興国や途上国での事業展開には「地球と共に発展する」という考えが必要です。

　第4に人材を活かすという視点です。本当に優秀な人材は、単に利益を追求するだけでなく、社会的にインパクトを与えたい、社会の発展に貢献したいという意識を強く持っています。

　第5に組織に活力を与えることです。CSV 推進のベースとなるのは企業理念です。CSV は、企業理念の実践を通して、社員に企業の存在意義を想起させ、組織に活力を与えます。

　多くの企業が CSV を実践すれば、「社会・環境問題の解決は、利益を産み出す機会である。企業価値と社会価値は両立する」という認識が定着し、持続可能な社会を構築し、次の世代に豊かな社会をもたらすことができます。(赤池・水上、2013、11-12)

　CSV は、新しい企業・ビジネス・働き方への包含されているものとして期待感が高い（玉村・横田・上木原・池本、2014：2）ものの、CSV 論への過度な傾注は戒めるべきです。「CSR から CSV へ」という言い方もありますが、むしろ両者活用型の経営戦略が求められています。（笹谷、2013：44）

1－5　ESG経営

　ESG とは、Environment（環境）、Social（社会）、Governance（企業統治）のイニシャルからとった言葉です。2006 年当時の国連事務総長だったコフィー・アナン氏が「責任投資原則（Principle for Responsible Investment）」を金融機関に対し提唱し、その中で ESG という考え方が打ち出されました。機関投資家は従来の財務情報だけでなく、ESG という3つの観点から投資先である企業を多面的に評価し、投資判断することを求めました。ESG は企業の持続可能な成長性を測るものさしに相当します。ESG に賛同する機関投資家は増加しており、企業にとって

は、ESG に関する取り組みを積極的に開示し、投資家からの理解や評価を得る必要が格段に高まっています。企業の社会的責任はこれまで利益や成長と比べて付随的な位置づけでしたが、企業の公益性がより重視され、環境や自然、人を優先的に重視する企業こそが顧客や投資家から指示される時代になりました。（遠藤、2021：29-31）

図表1－8　ＥＳＧ

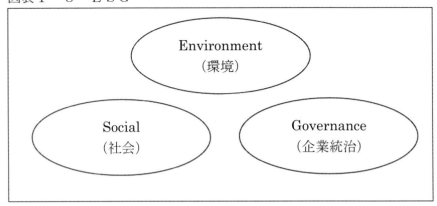

筆者作成

1－6　パーパス経営

　地球温暖化や自然災害の多発、パンデミックの発生、貧困や格差の拡大など企業を取り巻く環境が激変し持続可能な経営の重要性が高まる中、企業が「社会における存在意義（パーパス）」を問い直すことが求められています。世界の上場企業の報告書に大きな影響を持つ IIRC（International Integrated Reporting Council＝国際統合報告委員会）が 2018 年に「purpose beyond profit（利益を超えたパーパス）」というレポートを出しました。これまでの成長や利益のみを追求する経営ではなく、それぞれの企業が社会において「何のために存在するのか」という根源的な問いかけをすることが求められています。（遠藤、2021：58-60）
　パーパスは、企業の強みと情熱、世の中のニーズが重なり合った部分で、判断や行動の拠り所になります。現在の日本では、主に若い世代を中心に共感が広がっています。まだ大多数ではありませんが、大学生もお金のためだけに働くこと

に疑問を持ち、パーパスに関心があります。そうした考えは今後主流になっていく可能性があります。(齊藤、2022：72-73)

図表1－9　パーパスとビジョンの意味

パーパス	「組織がなぜ、何のために存在するのか」を端的に言い表した言葉　判断や行動の拠り所にするための概念
ビジョン	企業やブランドがなりたい姿。また成し遂げたい世界や未来

出典：齊藤三希子、2022年、「パーパスを"絵に描いた餅"にしないために必要なこと」、『日経デザイン』2022年6月号、P.72

1－7　ステーク・ホルダー資本主義

　2020年1月に開催された世界経済フォーラム（WEF＝World Economic Forum）の年次総会（ダボス会議）では、資本主義の再定義が主題になりました。株主への還元を最優先する従来のやり方は格差の拡大や環境問題という副作用を生み出したという問題意識から、経営者に従業員や社会、環境にも配慮した「ステーク・ホルダー資本主義」を求める声が高まりました。(日本経済新聞、2020)

　1970年に、経済学者のミルトン・フリードマンは「企業の唯一の目的は株主価値を最大化することである」と述べました。その後アメリカやイギリスが主導し、短期的な利益の追求が資本主義の原動力になってきました。それから50年が経過し、2020年のダボス会議では、社会の分断や環境問題に向き合う「ステーク・ホルダー資本主義」を指針に掲げました。(日本経済新聞、2020)

　収益の最大化だけでなく、官民連携や市民社会との協力を通じ、企業が持つ能力やリソース（経営資源）を注ぐことでより持続可能で結束した世界を築こうとするステーク・ホルダー資本主義が浸透することで、企業には「事業を通じ、社会貢献をする責任」が生じます。企業のCSR活動に留まらず、自社の利益拡大と社会課題の解決の両輪を実現することで、広範囲な社会課題へのアプローチが期待されます。ステーク・ホルダー資本主義において価値を創出するためには、従業員との良好な関係構築も重視されます。公正な評価・処遇や、新しい働き方の推進、多様性の尊重、人材育成など、よりよい企業活動を実現するための取り組みが推進されることで雇用・労働問題も減少に向かうことが期待されています。

（エレミニスト編集部、2021）

図表１－１０　資本主義の変遷

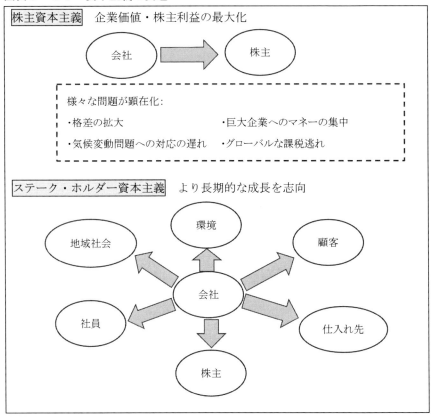

出典：日本経済新聞、2020 年、「資本主義　再定義探る」、

　　『日本経済新聞』2020 年 1 月 23 日、P.3（一部修正）

　2022 年に米アウトドア用品大手パタゴニア創業者のイヴォン・シュイナード氏
は同社の全株式を環境団体などに譲渡することを明らかにしました。彼は「私た
ちは自然から価値あるものを収奪して富に変換するのではなく、パタゴニアが生
み出した富をその源を守るために使用します。地球を唯一の株主にするのです。
私は真剣です。この地球を守ります」と述べ（パタゴニア日本支社、2022）、言わ

ば「ソーシャル資本主義」と言うべき考えを主張しています。

　このように、企業を取り巻く状況は激変しています。否応なくソーシャルな経営に舵をきることを余儀なくされているのです。次章では、個人を取り巻く状況について考えてみましょう。

【参考文献】

赤池学・水上武彦、2013 年、『CSV 経営　社会的課題の解決と事業を両立する』、
　　NTT出版

安齋徹、2016 年、『企業人の社会貢献意識はどう変わったのか〜社会的責任の自覚と実践〜』、
　　ミネルヴァ書房

エレミニスト編集部、2021 年、「日本企業に広がる「ステーク・ホルダー資本主義」の考え方
　　普及の背景と推進するメリットとは」、『ELEMINIST』、株式会社トラストリッジ
　　https://eleminist.com/article/1016　（アクセス日：2024 年 4 月 28 日）

遠藤功、2021 年、『企業経営の教科書』、日本経済新聞

齊藤三希子、2022 年、「パーパスを"絵に描いた餅"にしないために必要なこと」、
　　『日経デザイン』2022 年 6 月号、P.72-73

笹谷秀光、2013 年、『CSR新時代の競争戦略　ISO26000活用術』、
　　日本評論社

谷本寛治、2006 年、『CSR　企業と社会を考える』、NTT出版

谷本寛治、2013 年、『責任ある競争力　CSRを問い直す』、NTT出版

日本経済新聞、2020 年、「資本主義　再定義探る」、『日本経済新聞』2020 年 1 月 23 日、P.3

藤井剛、2014 年、
　　『CSV時代のイノベーション戦略　「社会的課題」から骨太な新事業を産み出す』、
　　ファーストプレス

パタゴニア日本支社、2022 年、「パタゴニアの次章：「地球が私たちの唯一の株主」」
　　https://prtimes.jp/main/html/rd/p/000000080.000021813.html
　　（アクセス日：2024 年 6 月 2 日）

マイケル　E. ポーター、マーク　R. クラマー、2011 年、編集部訳、
　　「経済的価値と社会的価値を同時実現する共通価値の戦略」、
　　『DIAMOND ハーバード・ビジネス・レビュー』第 36 巻第 6 号、ダイヤモンド社、P.29

第2章　個人を取り巻く状況

　なぜ、今ソーシャル就活なのか？　本章では、個人を取り巻く状況から考えて
みましょう。

2－1　会社人間モデルの終焉

　かつて我が国の企業社会の象徴として「会社人間」という言葉がありました。
組織に従属するモーレツ社員を意味しますが、どこか視野狭窄で不安定な人間観
に基づいています。(安齋、2016：3)

　日本的集団主義はもともと戦前における農村落（ムラ）社会を基盤に発展・確
立したもので、生産現場では人々の協力が不可欠の条件でした。集団の秩序が重
視され、滅私奉公の意識と行動が支配的で、自己主張が強く集団の秩序を乱すよ
うな協調性のない人物はしばしば「村八分」（仲間はずれ）にされました。戦後、
工業化が進展し農村の過疎化と都市の過密化が進展しましたが、農村落社会を基
盤に形成された集団主義は都市部の会社や工場に引き継がれ、会社主義に姿を変
えて再生産され高度経済成長を底支えしました。

　高度経済成長時代には、近代的な画一的大量生産方式が確立し、高品質・低コ
ストの製品が大量生産され、流通市場に流れ込み、大量消費されました。このよ
うな成長的大量生産を前提にした現場組織では、集団の論理に個人を同化する日
本的集団主義は極めて適合的でした。終身雇用・年功序列という雇用慣行とも親
和的で、集団の秩序が重視され、個人には協調性や会社組織への自己犠牲が求め
られ滅私奉公の会社人間が生成されました。経営家族主義とも言える社員共同体
意識・会社忠誠心・帰属意識が熟成し、家庭生活・社会生活を犠牲にしてでも会
社に尽くすことが当たり前とされました。

　しかし、1980年代になると日本の高度経済成長は終わり、画一的大量生産から

多種多様生産体制に移行し、産業構造も重厚長大から軽薄短小へと転換し、企業も業容転換・リストラを余儀なくされ、企業の国際化・情報化が進展しました。この過程で、全社会的規模での人材の大規模な流動化が進み、個人の価値観や職業意識も多様化しました。女性の高学歴化と職場進出、共働きの増加などがこの傾向に拍車をかけました。経済成長の鈍化や企業組織内での中高年の肥大化が画一的雇用管理を維持する基盤を揺るがせました。

　1990年代になるとネットワーク型組織・分社型組織の普及、経済のグローバル化の進展と共に、個々人の自己責任、意欲と能力が重視されるようになりました。バブル経済の崩壊とリストラの展開を契機として、労働市場は流動化し、集団主義・会社主義から解放された個人の自立性がむしろ着目されるようになりました。（渡辺（峻）、2007：23-24）

２－２　会社への帰属意識の低下

　『平成19年版　国民生活白書』では「職場と人のつながり」が希薄化している傾向を指摘しています。（内閣府、2007：150）

図表２－１　会社に対する帰属意識の低下

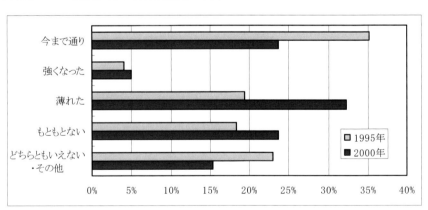

出典：内閣府、2007年、『平成19年版　国民生活白書』、時事画報社、P.145

　会社に対する帰属意識があるかを尋ねると、1995年にから2000年にかけてこ

のような意識が「もともとない」と「薄れた」は急増し、「今まで通りである」は
急減しています。(内閣府、2007：144-145)

　職場におけるつながりの希薄化の背景として 3 つの側面を指摘しています。

　第 1 に企業を取り巻く経済・社会環境の変化です。経済のグローバル化や規制
緩和に伴う競争激化を背景として、企業はコスト意識を強め雇用のあり方につい
ても見直す必要に迫られました。

　第 2 に企業側の雇用方針、人材育成方針の変化です。企業側が求める「職場と
人のつながり」は、従前の相互依存を基調とした関係から、より個人を前提にし
たビジネスライクな関係、より従業員の自律を求める関係へと変化しました。そ
の結果、終身雇用や年功的賃金制を見直す動きが進み、雇用や賃金を介した職場
と人のつながりが薄まってきた。更に、1990 年代半ば以降、パートやアルバイト
への移行が加速し、雇用の非正規化が進展しました。

　第 3 に個人の職場における働き方の変化です。多角化や事業部制の進展は組織
の独立性を強め、成果主義の導入は組織の業績よりも個人の業績を重視する傾向
を強めました。職場における IT の進展は個人の仕事の裁量性を高め、文書作成や
プログラムの作成など非対人的な仕事の比重を高めました。また電子メールの普
及はわざわざ顔を合わせ声などかけなくても仕事を進めていける職場環境を作り
出し、職場で自然に人と接する機会を減少させています。(内閣府、2007：150-160)

　会社中心の価値観については疑問を持つ人が増えており、特に若年層でその割
合が高くなっています。従業員規模 100 人以上の事業所の従業員に仕事や働き方
に対する考え方を聞いてみると、「会社のためなら自分の生活を多少犠牲にするの
は当たり前だ」、「単身赴任も会社のためならやむを得ない」といった会社人間的
な意識について、1987 年にはそれぞれ 47.0％、46.8％と半数近くが「あてはまる」
と回答していましたが、2003 年にはそれぞれ 34.4％、31.4％に低下しています。

図表２－２　仕事に対する考え方（時系列）

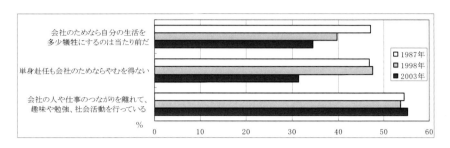

出典：内閣府、2007 年、『平成 19 年版　国民生活白書』、時事画報社、P.161

　年齢層別では、概ね年齢層が高くなるほど「あてはまる」と答える割合が高くなっており、若年層を中心に、仕事のために生活を犠牲にすることを疑問に感じていることがわかります。また「会社の人や仕事のつながりを離れて、趣味や勉強、社会活動を行っている」と答えた割合は、20 代、30 代では 6 割弱となっていますが、40 代、50 代ではやや低くなっています。若い世代では職場以外のつながりを重視する傾向が強まっているものと考えられます。

図表２－３　仕事に対する考え方（年齢層別）

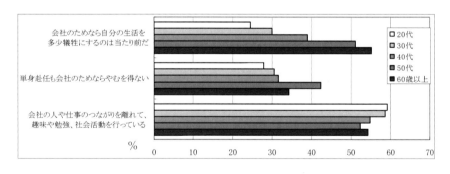

出典：内閣府、2007 年、『平成 19 年版　国民生活白書』、時事画報社、P.162

２－３　勤労観の変遷

　勤労観も変化しています。

　明治大学の根本孝先生は労働と余暇の両立を希求する新たなワーキング・カルチャーの出現を唱えました。労働を「生計維持的のために社会的役割を担う自己実現的活動」と捉え、拘束性や手段性からの離脱を強調し、働くことそのものが自己目的化し、楽しく、面白く、エキサイティングな「朗働」への変革を主張し、余暇に関しても「自由時間に主体的かつ目的的に行われる自己解放的、自己表現的、自己開発的活動」と捉え、人間の全人的成長のための重要な役割を果たす即目的行動であり、人間の精神的成長をもたらす「誉暇」への変革を主張しました。
（根本・Poeth、1992：207-213）

図表2-4　新しいワーキング・カルチャー

	旧仕事文化 （労働と余暇）	新ワーキング・カルチャー （朗働と誉暇）
仕事	つらく苦しい 自己犠牲 皆で一緒に 勤務時間・場所は固定 勤務は上司の命令	いきいきと面白い 自己表現 各々の個性に応じて フレックス 職務は選択
職場	上下関係 女性はアシスタント 効率的オフィス	仲間関係 女性も仲間 快適オフィス
評価・報酬	減点主義 積み上げ評価 賃金・昇進中心の報酬	加点主義 敗者復活 仕事・心理的報酬
休暇	できるだけ少なく 休息 仕事に合わせて	たっぷり 自己表現 計画的に

出典：根本孝・G.J.J.M.Poeth、1992、『カンパニー資本主義』、中央経済社、P.215

　実践女子大学の谷内篤博先生によれば、中高年層が「帰属意識」に裏打ちされ

「1つの組織に帰属し、そこから人生に必要なすべてのものをまかなっていく」滅私奉公型の会社観・組織観であるのに対し、若年層は「所属意識」に裏打ちされ「いくつかの組織に所属し、それぞれのところから必要なものを手に入れていく」自己実現型の会社観・組織観です。職業意識も中高年層が物的豊かさを希求する水平的価値観から「どこの会社に入るか」という「就社」であったのに対し、若年層は精神的豊かさを希求する垂直的価値観から「どんな仕事ができるか」「その仕事は自分に合っているか」という「就職」に変化していると指摘しています。
（谷内、2007:9-14）

図表2－5　職業意識の変化

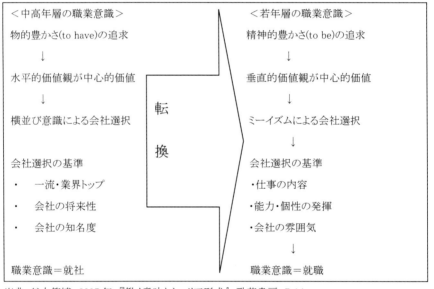

出典：谷内篤博、2007年、『働く意味とキャリア形成』、勁草書房、P.14

　ポーランド生まれで、ドイツ、オランダ、アメリカで暮らしたことがあり、現在は日本でグーグルに勤務するピュートル・フェリクス・グジバチ氏によると、生産経済の時代には服従と勤勉さが求められ、知能経済の時代には専門性と知恵が求められていました。しかし、これからはクリエイティブ・エコノミーの時代です。この時代に生き残るのは、ゼロから新しい価値を生み出す人々であり、彼

らに求められるのは情熱、創造性、率先です。（グジバチ：2018：25）

図表2－6　働き方の変容

勤勉さ 服従	WORK 1.0　生産経済
知能 率先	WORK 2.0　知能経済
創造性 情熱	WORK 3.0　クリエイティブ・エコノミー

出典：ピュートル・フェリクス・グジバチ、2018年、『ニューエリート』、大和書房、P.27

　「お金」という資本を使ってビジネスする資本家と、労働によって「お金」という対価を得る労働者によって成立する資本主義は富の偏在を招きました。これからの時代をリードする人はポスト資本主義の世界の仕組みを作る人々です。彼らは、新しい価値をどんどん創造しています。皆ゼロから1を生み出し、世界を自発的に変えようとしています。「世界を変える」という大義名分と「楽しいからやっている」というモチベーションが両立しているのです。（グジバチ：2018：10-11）

図表2－7　エリート観の変化

	オールドエリート	ニューエリート
性質	滅私奉公・利己主義	活私開公・利他主義
目標	ステータス・地位	インパクト・社会貢献
行動	前例主義・計画主義	学習主義・未来志向
人間関係	クローズド	オープン
行動原理	上意下達・リーダーシップ	率先垂範・チームプレイ
考え方	ルールを守る	ルールを創る

出典：ピュートル・フェリクス・グジバチ、2018年、『ニューエリート』、大和書房、P.13（一部修正）

２－４ 社会貢献意識の高まり

　長期的に日本人の社会貢献意識が高まっています。内閣府「社会意識に関する意識調査」によると「あなたは、日頃、社会の一員として、何か社会のために役立ちたいと思っていますか。それとも、あまりそのようなことは考えていませんか」という問いに対して「思っている」と答えた人は 1980 年代の約 4 割代から長期的に増え、最近では 6 割台にまで達しています。

図表２－８　社会貢献意識

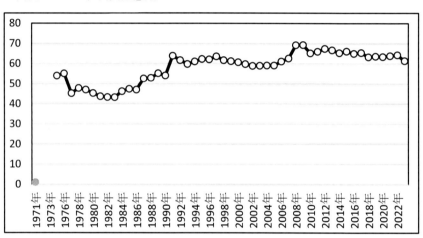

出典：内閣府、2024 年、「社会意識に関する世論調査（令和 5 年 11 月調査）」
　表 4-1、表 4-2、表 4-参考
　https://survey.gov-online.go.jp/r05/r05-shakai/2.html
（アクセス日：2024 年 6 月 2 日）

２－５ ワーク・ライフ・バランス

　ワーク・ライフ・バランスの実現に向けて社会的気運が醸成され、長時間労働の抑制、年次有給休暇の取得、男性の育児休暇の取得など働き方改革が進行しています。（厚生労働省、2009：154）

　日本生産性本部・日本経済青年協議会が実施していた「新入社員働くことの意識調査」によると、当初 70％程度であった「仕事と生活の両立」志向が 80％程度

まで増加しています。

図表2－9　仕事と生活についてどちらを中心に考えますか

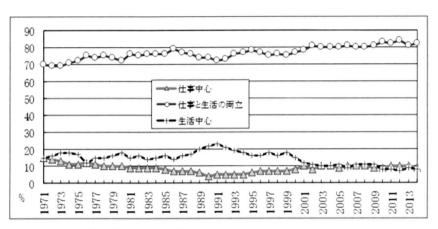

出典：日本生産性本部・日本経済青年協議会、2014年、

　　　『平成26年度新入社員「働くことの意識」調査報告書』、P. 95

　一方で、近年誰しもがワーク・ライフ・バランスの重要性を説くようになりましたが「ワーク」「ライフ」「バランス」の個々あるいは全体的な意味についての統一的見解が見出されておらず（日本労働研究雑誌編集委員会、2010：2）、ワーク・ライフ・バランスの捉え方・力点の置き方も千差万別で、いささか混沌とした状況が出現しています。「仕事と生活」を「仕事と家庭」と捉え、ワーク・ライフ・バランスは育児中の女性のための施策に過ぎないと矮小化される傾向が依然として根強く残っています。

　2007年12月に制定（2010年6月に改定）された「仕事と生活の調和（ワーク・ライフ・バランス）憲章」によれば「誰もがやりがいや充実感を感じながら働き、仕事上の責任を果たす一方で、子育て・介後の時間や、家庭・地域・自己啓発等にかかる個人の時間をもてる健康で豊かな生活ができるよう、今こそ、社会全体で仕事と生活の双方の調和の実現を希求していかなければならない」とされ、仕事と生活の両立によって「人生の生きがい、喜びは倍増する」と記されています

（内閣府、2010）。

　筆者も、会社生活・家庭生活・社会生活・学習生活・自分生活のワーク・ライフ・バランス５元論を支持しています。５元論を概念化したものが次の図表です。私的領域と公的領域、個人と組織、経済性と社会性、血縁と地縁などの軸で分類すると、自分生活・家庭生活・会社生活・社会生活を４隅に置くことができます。学習生活は４つの生活と関わっており、言わば中央に位置します。（安齋、2016：30-31）

図表２－１０　　５つの生活の位置づけ

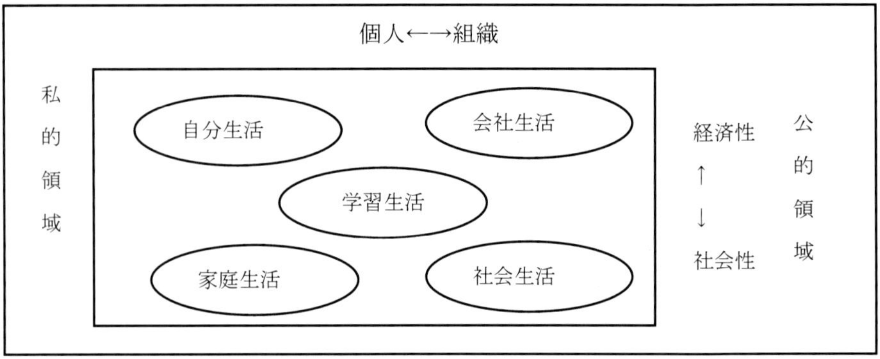

出典：安齋徹、2016年、『企業人の社会貢献意識はどう変わったのか』、ミネルヴァ書房、P.30

２－６　人生100年時代

　ロンドン・ビジネススクールのリンダ・グラットン教授とアンドリュー・スコット教授は『ライフ・シフト　100年時代の人生戦略』（東洋経済新報社）の中で、人生100年時代の到来を予測し、生き方を根底から考え直すように提案しています。同書によれば、これまでは「教育」→「仕事」→「引退」という３つのステージが当たり前でしたが、寿命が伸びれば２番目の「仕事」の期間が長くなります。そうなると、日本的経営の特色であった終身雇用と年功序列が崩壊し、一旦就職すれば安心と思っていた人々も会社に依存してはいられなくなります。また定年になっても、まだまだ働き続けなくてはなりません。

　リンダ・グラットン教授はその前著『ワークシフト』（プレジデント社）の中で、

働き方の未来は今日始まると呼びかけ、働き方のシフトを提言しています。第１に未来の世界で価値を生み出せる専門技能を連続的に取得することです。第２に大勢の人と緊密に結びつき協力しながらイノベーションを起こすことです。第３にやりがいと情熱を感じられ、前向きで充実した経験を味わうことです。（グラットン、2012：236-237、301-302、336）

図表２－１１　働き方のシフト

1.　ゼネラリストから「連続スペシャリスト」へ
2.　孤独な競争から「協力して起こすイノベーション」へ
3.　大量消費から「情熱を傾けられる経験」へ

出典：リンダ・グラットン、2012年、池村千秋訳、『ワークシフト』、プレジデント社、P.12-13

　ここで注目したいのは第３のシフトです。AIやロボットの発展など仕事の機械化が進行し、伝統的なキャリアや仕事の形態が崩壊する中、もっと大きな自由と機会を手にできる可能性を生み出せる新しい働き方が出現しています。これからは、自分が情熱を燃やせる仕事に携わり、意義のある同僚と一緒に働いて自分を成長させることが大切になります。（グラットン：2012：336-337）

２－７　ウェル・ビーイング

　1946年に設立された世界保健機関（WHO＝World Health Organization）の憲章にウェル・ビーイングという言葉が初めて登場しました。「健康とは、単に疾病や病弱な状態ではないということではなく、身体的、精神的、そして社会的に完全に良好ですべてが満たされる状態」の中の満たされた状態がwell-beingという単語です。（前野ほか、2022：16）

　ウェル・ビーイングが注目されることになった社会的な背景として、価値観の変化があります。これまでは、カネ、モノ、地位のように他人と比べられる地位財に価値がありました。しかし、昨今は幸せや健康など他人と比べるものではなく自分の中で昇華させる非地位財に価値を見出す人が増えてきました。つまり、モノの豊かさから心の豊かさへの時代に要請が変化してきました。（前野ほか、2022：26）

図表2－12　社会モデルの変化

地位財型社会 （勝ち残りゲーム式社会モデル）	非地位財型社会 （全体が調和し共生する社会モデル）
競争的・個人主義的	協力的・相互依存的
トップダウン・ピラミッド型	フラット・ネットワーク型
牽引的リーダーシップ	調和型リーダーシップ
自己主張(利己的になりがち)	謙虚で優しい(利他的)
統率によるつながり	想いによるつながり
単純・合理的・必要最小限	多様・複雑・冗長・無駄
明確な目的・ミッション	目の前の目的に囚われすぎない
単一の最適解を目指す	多様な満足解があり得る
合理的な分担・計画・管理	仮説を持たず色々やってみる
論理重視	感性重視
スピードの速い者が勝ち	ゆっくりと自分のペースで
短期志向	長期志向(サステナブル)
一面的な進歩・成長主義	循環型社会が前提
弱肉強食	すべてを活かし共存
先の読める閉じた社会で有効	オープンで変化する社会で有効
不幸な格差社会になりがち	幸福で平和な社会に向かう

出典：前野隆司、2015年、『幸せの日本論』、角川書店、P.196（一部修正）

２－８　Z世代の価値観

　Z世代とは1996年～2012年に生まれた世代を指す言葉で、マーケティングにおける消費者グループのひとつです。米国で生まれたこの消費者グループの区分は、1960年～1974年生まれのX世代、1975年～1995年生まれのY世代と併せよく用いられます。ミレニアル世代と混同されやすい言葉ですが、それぞれが指す生年には若干差異があります。ミレニアル世代は2000年代に成年を迎える世代のことを指すため、生年は1980年～2000年初頭です。トレンドに敏感な若者として、一括りにされやすいミレニアル世代、Y世代、そしてZ世代。それぞれ

の特徴は重なる部分もありますが、その思考パターンや消費行動を観察したとき、そこには違いがあります。(宿木、2020)

　Z世代の特徴のひとつが、社会課題に対する強い関心です。CSRに特化した米国PR会社コーン・コミュニケーションズ の調査(Z世代の男女1000人対象)によると、Z世代の約94%が「企業は社会的・環境的課題に取り組むべき」と考えています。特に地球環境に対する問題意識が強く、彼らのうち98%は地球環境の保護に関心を持つということがわかりました。(宿木、2020)

　千葉商科大学の筒見陽平先生によると、Z世代と呼ばれる若者は「自分のこと」よりも「社会のこと」に関心があります。彼らの問題意識は、個人の自己実現をどうするかではなく、社会をどうしていきたいかにあり、本気で「社会を変えていきたい」という思いを持っています。(常見、2022)

図表2-13　関心のある社会的課題 TOP10

	Z世代	Y世代	X世代
1	年金問題	年金問題	年金問題
2	貧困問題	所得格差	高齢化
3	所得格差	貧困問題	介護問題
4	人種差別	高齢化	気候変動
5	飢餓・栄養不足	介護問題	災害に強いまちづくり
6	ジェンダー不平等	災害に強いまちづくり	所得格差
7	LGBTQ差別	気候変動	資源の枯渇とリサイクル
8	災害に強いまちづくり	少子化	森林破壊
9	少子化	大気汚染	大気汚染
10	気候変動	森林破壊	海洋汚染

　　　Z世代のみがあげたテーマ

出典：日本経済新聞、2021年、「Z世代の意識調査　SDGsに取り組む企業を高評価」、
https://www.nikkei.com/article/DGXZQOLM25BAS0V21C21A1000000/
(アクセス日：2023年8月13日)

日本経済新聞が 2021 年に行った「Z 世代サステナブル意識調査」によると、Z 世代が関心のある社会課題として、「人種差別」「飢餓・栄養不足」「ジェンダー不平等」「LGBTQ（性的マイノリティー）差別」が他の世代に比べて上位にあがりました。貧困や人種差別、飢餓・栄養不足などは人間の生存や尊厳に関わる課題であり、また、ジェンダー不平等や LGBTQ 差別は当事者の存在も含めて、身近で考えやすいテーマです。「SDGs や社会的課題への取り組みを行う企業に対する印象」について、Z 世代は「好感が持てる」「製品・サービスを利用したいと思う」「働いてみたいと思う」のすべての項目で「とても当てはまる」が Y 世代以上よりも高くなりました。この点からも SDGs への関心の高さ、さらには「自分ごと」と捉えている意識が見て取れます。（日本経済新聞、2021）

　このように、個人を取り巻く状況が変化している中、個人もソーシャルな仕事にできることなら従事したいと考えているのです。次章では社会的な課題を知る手がかりとして SDGs について考えてみましょう。

【参考文献】

安齋徹、2016年、『企業人の社会貢献意識はどう変わったのか』、ミネルヴァ書房

ピョートル・フェリクス・グジバチ、2018年、『ニューエリート』、大和書房

リンダ・グラットン、2012年、池村千秋訳、『ワークシフト』、プレジデント社

リンダ・グラットン、アンドリュー・スコット、2016年、池村千秋訳、

　『ライフ・シフト　100年時代の人生戦略』、東洋経済新報社

常見陽平、2022年、「「やっと昭和が壊れてくれた」Z世代と意識高い系の間にある、大きな違い」、

　朝日新聞

　https://globe.asahi.com/article/14571660　（アクセス日：2024年4月28日）

内閣府、2007年、『平成19年版　国民生活白書』、時事画報社

内閣府、2024年、「社会意識に関する世論調査（令和5年11月調査）」

　　https://survey.gov-online.go.jp/r05/r05-shakai/2.html

　（アクセス日：2024年6月2日）

日本経済新聞、2021年、「Z世代の意識調査　SDGsに取り組む企業を高評価」、

　　https://www.nikkei.com/article/DGXZQOLM25BAS0V21C21A1000000/

　（アクセス日：2024年4月28日）

日本生産性本部・日本経済青年協議会、2014年、

　『平成26年度新入社員「働くことの意識」調査報告書』

根本孝・G.J.J.M.Poeth、1992、『カンパニー資本主義』、中央経済社

前野隆司、2015年、『幸せの日本論』、角川書店

前野隆司・前野マドカ、2022年、『ウェル・ビーイング』、日本経済新聞出版

谷内篤博、2007年、『働く意味とキャリア形成』、勁草書房

宿木雪樹、2020年、「サステナブル・マーケティングにフィットするZ世代」、講談社

　　https://sdgs.kodansha.co.jp/news/person-in-charge/37631/

　（アクセス日：2024年4月28日）

渡辺俊、2007年、『「組織と個人」のマネジメント－新しい働き方・働かせ方の探求』、

　中央経済社

第3章　ＳＤＧｓとは

　今やSDGsという言葉を目にしない日はないほどです。本章では改めてSDGs
について考えてみましょう。

３－１　ＳＤＧｓとは何か

　SDGs（Sustainable Development Goals、持続可能な開発目標とは，2001年
に策定されたミレニアム開発目標（MDGs：Millennium Development Goals）の
後継として，2015年9月の国連サミットで加盟国の全会一致で採択された「持続
可能な開発のための2030アジェンダ」に記載された，2030年までに持続可能で
よりよい世界を目指す国際目標です。17のゴール・169のターゲットから構成さ
れ，地球上の「誰一人取り残さない（leave no one behind)」ことを誓っています。
SDGsは発展途上国のみならず，先進国自身が取り組む普遍的なものであり，日
本としても積極的に取り組んでいます。（外務省HPより）

　17のゴールは、①貧困や飢餓、教育など未だに解決を見ない社会面の開発アジェ
ンダ、②エネルギーや資源の有効活用、働き方の改善、不平等の解消などすべ
ての国が持続可能な形で経済成長を目指す経済アジェンダ、そして③地球環境や
気候変動など地球規模で取り組むべき環境アジェンダといった世界が直面する課
題を網羅的に示しています。SDGsは、これら社会、経済、環境の3側面から捉
えることのできる17のゴールを、統合的に解決しながら持続可能なよりよい未
来を築くことを目標としています。（外務省のパンフレットより）

　SDGsの前身であるミレニアム開発目標は主として発展途上国向けの目標でし
たが、SDGsは、先進国も含め、全ての国が取り組むべき普遍的な目標となって
います。しかしながら、これらの目標は、各国政府による取り組みだけでは達成
が困難です。企業や地方自治体、大学や研究機関、市民社会や個人に至るまで、

全ての組織と人の行動が求められている点が SDGs の大きな特徴です。まさに SDGs 達成のカギは、一人ひとりの行動に委ねられているのです。（外務省のパンフレットより）

　2019 年 9 月に開催された「SDG サミット」で、グテーレス国連事務総長は、「取り組みは進展したが、達成状況には偏りや遅れがあり、あるべき姿からはほど遠く、今、取り組みを拡大・加速しなければならない。2030 年までを SDGs 達成に向けた『行動の 10 年』とする必要がある」と SDGs の進捗に危機感を表明しました。2020 年に新型コロナウイルス感染症が瞬く間に地球規模で拡大したことからも明らかなように、グローバル化が進んだ現代においては、国境を越えて影響を及ぼす課題により一層国際社会が団結して取り組む必要があります。SDGs 達成に向けた道のりは決して明るいものではありませんが、「行動の 10 年」に突入した今、私たち一人ひとりにできることをしっかりと考え、一歩踏み出す姿勢が求められています。（外務省のパンフレットより）

３－２　ＳＤＧｓの達成度

　国際的な研究組織「持続可能な開発ソリューション・ネットワーク」（SDSN=Sustainable Development Solutions Network）が世界各国の SDGs の達成度を評価した「Sustainable Development Report」（持続可能な開発報告書）を 2016 年から毎年発表しています。国連や研究機関などの統計資料をもとに、各国の SDGs の取り組みを 100 点満点で点数化した SDGs 達成度（SDG Index）を公表し、ランキングにしています。（竹山：2023）

　2023 年 6 月に発表された 2023 年版のランキング 1 位はフィンランド（86.8）で、3 年連続のトップでした。2 位がスウェーデン（86.0）、3 位がデンマーク（85.7）、4 位がドイツ（83.4）、5 位がオーストリア（82.3）と続いています。20 位までは欧州の国々が占め、21 位の日本（79.4）は前年よりランクを下げたものの、欧州以外の国のなかではトップに位置しています。米国は 39 位（75.9）、中国は 63 位（72.0）でした。（竹山：2023）

　報告書は各国の取り組みの進み具合を 17 の目標ごとに「達成済み」「課題が残る」「重要な課題がある」「深刻な課題がある」の 4 段階で評価しています。日本に関しては「達成済み」が 2 つ、ほかの 3 段階が 5 つずつでした。（竹山：2023）

図表3－1　SDGｓの取り組みの進み具合

【達成済み】（SDG achieved）
・目標4「質の高い教育をみんなに」
・目標9「産業と技術革新の基盤をつくろう」

【課題が残る】（Challenges remain）
・目標1「貧困をなくそう」
・目標3「すべての人に健康と福祉を」
・目標6「安全な水とトイレを世界中に」
・目標11「住み続けられるまちづくりを」
・目標16「平和と公正をすべての人に」

【重要な課題がある】（Significant challenges）
・目標2「飢餓をゼロに」
・目標7「エネルギーをみんなに、そしてクリーンに」
・目標8「働きがいも経済成長も」
・目標10「人や国の不平等をなくそう」
・目標17「パートナーシップで目標を達成しよう」

【深刻な課題がある】（Major challenges）
・目標5「ジェンダー平等を実現しよう」
・目標12「つくる責任、つかう責任」
・目標13「気候変動に具体的な対策を」
・目標14「海の豊かさを守ろう」
・目標15「陸の豊かさも守ろう」

出典：竹山栄太郎、2023年、「【SDGs達成度ランキング】日本、2023年は世界21位に
後退　気候変動対策など最低評価」、『朝日新聞SDGs ACTION!』（一部修正）
https://www.asahi.com/sdgs/article/14937675
（アクセス日：2024年4月23日）

　「深刻な課題がある」とされた目標のうち、目標5「ジェンダー平等を実現しよう」は、国会議員（衆院議員）の女性比率の低さと男女の賃金格差が特に問題とされました。目標13「気候変動に具体的な対策を」は、化石燃料の燃焼やセメント製造にともなう二酸化炭素（CO2）排出量などが多く、低評価でした。目標14「海の豊かさを守ろう」、目標15「陸の豊かさも守ろう」もほぼすべての項目に課題があるとされました。前年から「深刻な課題がある」に転落した目標12「つくる責任、つかう責任」は、電子機器の廃棄量やプラスチックごみの輸出量の多さが引き続き問題視されました。（竹山：2023）

３－３　ＳＤＧｓランキング
（１）　ＳＤＧｓ企業ランキング

　東洋経済新報社では、同社が行っている「CSR（企業の社会的責任）情報を基に保有しているサスティナビリティ（持続可能性）情報から、「人材活用（31項目）」「環境（24項目）」「社会性（21項目）」「企業統治（21項目）」の4カテゴリー97項目を独自に評価し、「ＳＤＧｓ企業ランキング」を発表しています。2023年のランキングでは、J.フロントが第1位でした。2位は日本電信電話（ＮＴＴ）、3位は三菱UFJフィナンシャル・グループでした。（岸本、2023：68-69）

図表３－２　ＳＤＧｓ企業ランキング　評価項目の例

カテゴリー	評価項目の例
人材活用	女性管理職比率、有給休暇取得率、男性の育児休暇取得率
環境	原材料のグリーン調達、プラスチック削減の取り組み
社会性	NPO・NGO等との連携、ボランティア休暇、プロボノ支援
企業統治	CSR担当部署の有無、内部通報窓口設置、内部通報件数

出典：岸本吉浩、2023年、「2023 SDGs企業ランキング」、

　『週刊東洋経済』2023年7月8日号、P.73、東洋経済新報社

図表 3 － 4 　 ＳＤＧ s 企業ランキング① （2023 年）

順位	企業	総合ポイント（400 点満点）
1	Ｊ．フロント リテイリング	387.4
2	日本電信電話	386.4
3	三菱ＵＦＪフィナンシャル・グループ	382.6
4	三井住友フィナンシャルグループ	382.4
5	第一生命ＨＤ	381.7
6	ファンケル	379.5
7	ＴＯＴＯ	378.3
8	オムロン	377.6
9	東京海上ＨＤ	377.5
10	日本生命保険	377.3
11	丸井グループ	377.0
12	ＳＯＭＰＯ　ＨＤ	376.1
13	ＮＴＴ西日本	375.4
14	ＮＴＴ東日本	374.1
15	大和証券グループ本社	374.0
16	ＮＴＴドコモ	373.4
17	サントリーＨＤ	372.4
18	MS&AD インシュアランスグループHD	371.4
18	ＮＴＴデータグループ	371.4
20	アサヒグループＨＤ	370.4
21	三井物産	370.1
22	ＫＤＤＩ	369.6
23	イオン	369.5
24	セイコーエプソン	369.3
25	資生堂	368.9

出典：岸本吉浩、2023 年、「2023 SDGs 企業ランキング」、

　　『週刊東洋経済』2023 年 7 月 8 日号、P.69、東洋経済新報社

図表3－5　ＳＤＧｓ企業ランキング②（2023年）

順位	企業	総合ポイント（400点満点）
26	荏原	368.6
27	富士フィルムＨＤ	367.8
28	住友生命保険	366.4
29	帝人	366.3
30	ＮＴＴコミュニケーションズ	366.1
31	花王	365.2
31	みずほフィナンシャルグループ	365.2
33	中外製薬	364.9
34	積水ハウス	364.3
35	野村ＨＤ	363.8
36	キリンＨＤ	363.2
37	SCREEN HD	363.1
38	アース製薬	362.6
39	ＮＥＣ	362.6
40	キューピー	362.4
40	ＡＮＡ　ＨＤ	362.4
42	伊藤忠商事	362.3
43	関西電力	361.9
44	オカムラ	361.4
45	ＪＴ	359.7
46	ローム	359.1
47	セブン＆アイ・ＨＤ	358.9
48	明治安田生命保険	358.8
49	アシックス	358.4
50	明治ＨＤ	358.3

出典：岸本吉浩、2023年、「2023 SDGs企業ランキング」、

『週刊東洋経済』2023年7月8日号、P.69-70、東洋経済新報社

2022年版の『CSR企業総覧（ESG編）』（東洋経済新報社）に基づく分析によると、17の目標のうち、企業の対応率が高かったのは目標8「働きがいも経済成長も」、目標12「つくる責任　つかう責任」、目標13「気候変動に具体的対策を」の順でした。

図表3－6　SDGs17の目標の対応率

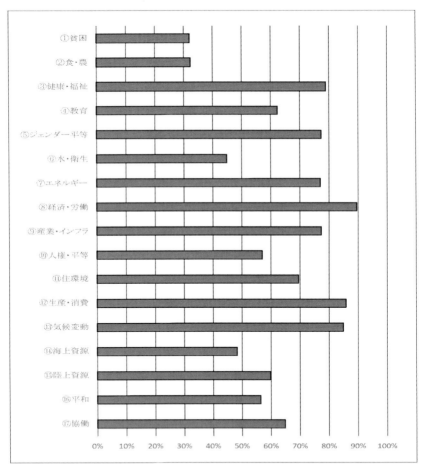

出典：岸本吉浩、2022年、「目標別対応率で見える傾向」、『週刊東洋経済』2022年7月10日号、P.61、東洋経済新報社

（2）ＳＤＧｓ貢献企業としてのブランド力評価

　日経リサーチが 2023 年 7〜8 月にビジネスパーソンと生活者、それぞれ 2 万 8000 人強を対象に「SDGs の達成や社会課題の解決に貢献していると思う日本企業」を聞いたところ、双方共に、トヨタ自動車、サントリーホールディングス（HD）、ファーストリテイリングがトップ 3 を占めました。（西山、2023）

図表 3 - 7　ビジネスパーソンが選んだ「SDGs 貢献企業」トップ 20

順位	企業	票数
1	トヨタ自動車	5372
2	サントリーホールディングス	1396
3	ファーストリテイリング	553
4	パナソニックホールディングス	442
5	イオン	344
6	日産自動車	219
7	ソニーグループ	214
8	セブン＆アイ・ホールディングス	202
9	NTT	198
10	日立製作所	175
11	コカ・コーラ　ボトラーズジャパンホールディングス	159
12	花王	141
13	ENEOS ホールディングス	140
14	クボタ	136
14	ホンダ	136
16	日本マクドナルドホールディングス	125
17	スターバックスコーヒージャパン	123
18	味の素	114
19	日本たばこ産業	112
20	TBS ホールディングス	109

出典：西山晃弘、2023 年、「「SDGs といえば」貢献イメージが高い企業ランキング」

（アクセス日：2024 年 4 月 23 日）

図表 3 － 8　　生活者が選んだ「SDGs 貢献企業」トップ 20

順位	企業	票数
1	トヨタ自動車	5372
2	サントリーホールディングス	1328
3	ファーストリテイリング	845
4	イオン	485
5	パナソニックホールディングス	391
6	セブン＆アイ・ホールディングス	252
7	スターバックスコーヒージャパン	241
8	コカ・コーラ　ボトラーズジャパンホールディングス	229
9	日産自動車	217
10	日本マクドナルドホールディングス	211
11	ソニーグループ	198
12	楽天グループ	181
13	花王	149
14	良品計画	137
14	日立製作所	135
16	ホンダ	133
17	クボタ	130
18	TBS ホールディングス	119
19	日本テレビホールディングス	116
20	アート引越センター	114

出典：西山晃弘、2023 年、「「SDGs といえば」貢献イメージが高い企業ランキング」

（アクセス日：2024 年 4 月 23 日）

　社会課題に関心が高いとされる、Z 世代（28 歳以下、4772 人）に絞った生活者でのトップ 10 をみると順位が若干変動します。

図表３－９　Z 世代の生活者が選んだ「SDGs 貢献企業」トップ 10

順位	企業	票数
1	トヨタ自動車	494
2	ファーストリテイリング	164
3	サントリーホールディングス	105
4	スターバックスコーヒージャパン	82
5	イオン	68
5	パナソニックホールディングス	68
7	ソニーグループ	51
8	コカ・コーラ　ボトラーズジャパンホールディングス	44
9	楽天グループ	41
10	日本マクドナルドホールディングス	36

出典：西山晃弘、2023 年、「「SDGs といえば」貢献イメージが高い企業ランキング」
https://bizgate.nikkei.com/article/DGXZQOGB30AIX030112023000000?page=2
（アクセス日：2024 年 4 月 23 日）

（3）企業版ＳＤＧｓ調査

　株式会社ブランド総合研究所が毎年「企業版 SDGs 調査」を実施しています。「第 4 回企業版 SDGs 調査 2023」では、各業界を代表する 290 社に対して、「各社が SDGｓ（持続的な開発目標）への取り組みをしていると思いますか」という問いに対し、回答者に「本格的に取り組んでいる」、「少し取り組んでいる」など 5 段階で評価をしてもらい、その肯定的な回答をそれぞれ 100 点、50 点とした加重平均を「SDGs 評価」（点）としています。（ブランド総合研究所、2023）

図表3－10　SDGs評価ランキング

順位	企業	SDGs評価（点）
1	トヨタ自動車	26.3
2	サントリー	22.8
3	イオン	22.2
4	味の素	21.3
5	アサヒビール	20.5
6	ユニクロ	20.2
7	日本マクドナルド	19.3
8	日清食品	19.0
9	スターバックス	19.0
10	キリンビール	18.8
11	パナソニック	18.7
12	キユーピー	18.6
13	カルビー	18.6
14	味の素AGF	18.1
15	サッポロビール	17.9
16	カルピス	17.9
17	セブン・イレブン	17.6
18	ハウス食品	17.5
19	日産自動車	17.5
20	花王	17.4

出典：ブランド総合研究所、2023年、「【第4回企業版SDGs調査2023】

　　購入・利用時にSDGsを意識する消費者は2割」

　　https://prtimes.jp/main/html/rd/p/000000088.000000266.html

　　（アクセス日：2024年4月23日）

（4）Japan Sustainable Brands Index

　サステナブル・ブランド ジャパン アカデミックチームは、博展が主催する「サ
テナブル・ブランド国際会議 2024 東京・丸の内」で、「JSBI(Japan Sustainable
Brands Index) 2023Report」を発表しました。生活者から見た SDGs 貢献イメー
ジと SDGs 評価得点から抽出した企業ランキングを発表しています。（サステナ
ブル・ブランド ジャパン アカデミックチーム、2024）

図表 3 － 1 1　JSBI 2023 TOP10　企業

順位	企業	JSBI
1	良品計画	108.54
2	トヨタ自動車	108.40
3	ファーストリテイリング	107.99
4	住友林業	107.42
5	クボタ	107.32
6	イオン	106.86
7	味の素 AGF	106.61
8	王子ネピア	106.47
9	セブン＆アイ・ホールディングス	106.41
10	三井化学	105.76

出典：サステナブル・ブランド ジャパン アカデミックチーム、2024 年、

「JSBI　2023 Report（速報版）」

　https://www.sustainablebrands.jp/event/download/document/__icsFiles/afieldfile/202
4/03/26/JSBI2023_Report_Ver-1.pdf

（アクセス日：2024 年 4 月 23 日）

3 － 4　Society 5.0 と S D G s

　内閣府は、我が国が目指すべき未来社会の姿であり、狩猟社会（Society 1.0）、
農耕社会（Society 2.0）、工業社会（Society 3.0）、情報社会（Society 4.0）に続く
新たな社会として、「サイバー空間とフィジカル空間を高度に融合させたシステム

により、経済発展と社会的課題の解決を両立する人間中心の社会」（Society 5.0）を提唱しています。我が国が目指すべき Society 5.0 の未来社会像を「持続可能性と強靱性を備え、国民の安全と安心を確保するとともに、一人ひとりが多様な幸せ（well-being）を実現できる社会」であると表現しています。（内閣府、「Society 5.0」より）

　Society 5.0 は、先進技術を活用して社会のあらゆる分野での課題を解決し、人々の生活の質を向上させることを目指しています。これは、SDGs の多くと重なり、Society 5.0 のビジョンは SDGs の達成に貢献する強力な手段となり得るとされており、日本経済団体連合会も、革新的な技術を生かした Society 5.0 の実現を通じて SDGs を達成する「Society 5.0 for SDGs」を提唱しています。（土屋、2024）

　このように SDGs に着目して企業活動を捉え直すことも可能です。様々なランキングから「ソーシャル」な企業を選び出すこともできます。次章では、改めて SDGs の 17 の目標別に企業の取り組みを紹介します。

【参考文献】

外務省、「SDGs とは？」

　　https://www.mofa.go.jp/mofaj/gaiko/oda/sdgs/about/index.html

（アクセス日：2024 年 4 月 28 日）

外務省、パンフレット「持続可能な開発目標（SDGs）と日本の取組」

　https://www.mofa.go.jp/mofaj/gaiko/oda/sdgs/pdf/SDGs_pamphlet.pdf

（アクセス日：2024 年 4 月 28 日）

岸本吉浩、2022 年、「目標別対応率で見える傾向」、『週刊東洋経済』2022 年 7 月 10 日号、

　東洋経済新報社、P.61

岸本吉浩、2023 年、「2023SDGs 企業ランキング」、『週刊東洋経済』2023 年 7 月 8 日号、

　　P.68-75、東洋経済新報社

サステナブル・ブランド ジャパン編集局、2024 年、「良品計画が今年も 1 位に、生活者から見た

　　SDGs に貢献する企業ブランド調査「JSBI 2023 Report」発表」、

　　https://www.sustainablebrands.jp/community/column/detail/1220351_2557.html

（アクセス日：2024 年 4 月 23 日）

サステナブル・ブランド ジャパン アカデミックチーム、2024 年、

　「JSBI　2023 Report（速報版）」

　　https://www.sustainablebrands.jp/event/download/document/_icsFiles/afieldfile/2024/03/26

　/JSBI2023_Report_Ver-1.pdf

（アクセス日：2024 年 4 月 23 日）

竹山栄太郎、2023 年、「【SDGs 達成度ランキング】日本、2023 年は世界 21 位に後退

　　気候変動対策など最低評価」、『朝日新聞 SDGs ACTION!』

　　https://www.asahi.com/sdgs/article/14937675

（アクセス日：2024 年 4 月 23 日）

土屋俊博、2024 年、「Society 5.0 とは　SDGs との関係や具体例、問題点をわかりやすく解説」、

　　『朝日新聞 SDGs ACTION!』

　https://www.asahi.com/sdgs/article/15170935

（アクセス日：2024 年 6 月 2 日）

週刊東洋経済編集部、2022 年、『週刊東洋経済』2022 年 7 月 30 日号、

　　「SDGs 企業ランキング 500」、P.46-60

内閣府、「Society 5.0」

　https://www8.cao.go.jp/cstp/society5_0/

　（アクセス日：2024 年 6 月 2 日）

西山晃弘、2023 年、「「SDGs といえば」貢献イメージが高い企業ランキング」

　https://bizgate.nikkei.com/article/DGXZQOGB30AIX030112023000000?page=2

　（アクセス日：2024 年 4 月 23 日）

ブランド総合研究所、2023 年、【第 4 回企業版 SDGs 調査 2023】

　購入・利用時に SDGs を意識する消費者は 2 割」

　https://prtimes.jp/main/html/rd/p/000000088.000000266.html

　（アクセス日：2024 年 4 月 23 日）

第4章　ＳＤＧｓ目標別

　本章では、SDGs の 17 の目標別に企業の取り組みを紹介します。選定にあたっては日本経済団体連合会（以下、経団連）の「Keidanren SDGs」サイトを参照・引用しました。経団連では、Society 5.0 の実現を通じて SDGs を達成する、「Society 5.0 for SDGs」を推進しています。「Keidanren SDGs」は、経団連会員企業・団体が SDGs 達成に向けて取り組んでいる多種多様な事例を紹介するプラットフォームです。事例集「Innovation for SDGs」をはじめ、「チャレンジ・ゼロ」などの環境問題への取組み、働き方改革など、様々な分野に関係する企業・団体の事例を掲載しています。（日本経済団体連合会）

4－1　貧困をなくそう
（1）　パナソニックグループ
　パナソニックグループは誰もが自分らしく活き活きと暮らすサステナブルな共生社会の実現のため、「事業を通じて人々の生活と社会の発展に貢献する」という経営基本方針に基づき、一企業市民として「貧困解消」をめざし取り組んでいます。無電化地域での取り組みは、2006 年のウガンダ共和国副大統領府大臣から届いた手紙がきっかけで、太陽光パネル・蓄電池・LED ライトを搭載したソーラーランタンが商品企画され、2011 年よりトライアルでの寄贈活動がスタートしました。2013 年には「ソーラーランタン 10 万台プロジェクト」として本格始動しました。以来 2018 年までの 5 年間で、累計 102,716 台のソーラーランタンを、合計 30 ヶ国、131 団体・機関へ寄贈し、子どもたちの夜間授業や女性への識字教室などの「機会創出」を通じて人々の生活の向上に貢献しました。更に 2018 年からはケニアの無電化地域により大型の太陽光発電・蓄電システムの寄贈と NGO と協働した教育・啓発活動を通じて地域コミュニティの持続的な発展を目指す「無電化地域ソリューションプロジェクト」をスタートしました。その後、ミャ

ンマー・インドネシアでもプロジェクトを展開し、地場産業開発による収入向上に向けた啓発及び技術研修などを支援しています。また、ソーラーランタンなどのあかりや電気を無電化地域へ届ける活動については、ソーラーランタン 10 万台プロジェクト終了後も、一般の方や従業員が寄付で参加できるしくみ「みんなで"AKARI アクション"」を立上げ、継続しています。（日本経済団体連合会）

4－2　飢餓をゼロに
（1）　大林組
　大林組は、循環型農業「COMPACT　AGRICULTURE」構想として、テクノロジーの発展の先に可能となる、「どのような環境下でも、地球環境を破壊することなく、生活する人々にとって適切かつ適量の食糧を、地産地消で供給する」未来の農業の姿を描いています。一例として、人工光型植物工場、太陽光型植物工場、アワビの循環式陸上養殖、有用微細藻の生産など、農水産業に係わる様々な技術を研究し保有しています。大林組は、循環型農水産業技術を通じて、食料の安定確保、持続可能な食料生産システム、地域産業の活性化に貢献しています。（日本経済団体連合会）

（2）　住友金属鉱山
　夏場の農業用ビニールハウス内部はそのままでは非常に温度が上がるため、野菜が高温障害を起こすだけでなく、ハウス内部での収穫などの作業は危険なものになります。このため遮光シートで太陽光を遮断することになりますが、光を遮断してしまうと作物の生育に必要な光合成が行えないため、収穫量は落ちてしまいます。住友金属鉱山の近赤外線吸収材料であるCWO®を繊維に練り込んだ能任七（防虫ネットのメーカー）の天幕シート"青天張"は、光を通しつつ熱だけを遮断するため、ハウス内の過度な温度上昇を防ぎながら、生育に必要な光を作物に十分届けることで収穫量を大幅に増やします。ハウス内の暑さも軽減できるため、作業者の熱中症予防や農業における「働き方改革」にも貢献しています。（日本経済団体連合会）

（3）　日本生命保険

　ESG テーマ投融資の一環として、2020 年 10 月に国際復興開発銀行（International Bank for Reconstruction and Development)が栄養問題を重要なテーマとして発行したサステナブル・ディベロップメント・ボンドに投資しました。グローバルに深刻化している栄養問題（低栄養および肥満問題）は、新興国における、乳幼児の死亡率や成人後の貧困率の高さ、保健医療コストの増大を通じ、各国の経済や人的資本に多大な影響を及ぼしており、国際復興開発銀行ではこれらの栄養問題の解決に取り組んでいます。（日本経済団体連合会）

4―3　すべての人に健康と福祉を
（1）　あいおいニッセイ同和損害保険

　「テレマティクス自動車保険」は、テレマティクス技術を活用し、お客さまに安全運転で「得する」（安全運転スコアに応じ、保険料を割引）「楽しむ」（運転診断レポート、ポイントプログラム等の提供)「見守る」（万が一の際の高度な事故対応サービス）のコンセプトにより、「事故を起こしたお客さまに安心を提供する」だけでなく、「事故を起こさないお客さまにも安全を」という付加価値を提供しています。交通事故の削減、事故の削減により部品の交換が減ることによる廃棄物の削減、更に安全運転の促進により CO2 排出量の削減など、環境課題の解決にも貢献することができる商品です。（日本経済団体連合会）

（2）　住友化学

　「オリセット®ネット」は、ポリエチレン樹脂に練り込んだ防虫剤を徐々に表面に染み出させる事で効果が長期間持続する蚊帳です。気候変動による気温上昇等はマラリアやデング熱等の昆虫媒介性感染症の拡大に影響を及ぼすものと考えられており、「オリセット®ネット」は、住民がマラリアを媒介する蚊に刺されるのを防ぐことにより、感染症の拡大を防いでいます。2003 年にタンザニアの現地企業に無償で技術供与し現地生産を開始し、現地の雇用創出にも貢献しています。これまで 99 ヶ国に提供し、2005 年から売上の一部を使い、12 ヶ国 22 プロジェクトの教育支援を実施しています。近年の既存の殺虫剤への抵抗性への対策として「オリセット®プラス」の開発や、マラリアのみならず、地球温暖化により感

染地域の拡大が危惧される、デング熱やジカ熱の媒介蚊を防除する製品（ベクターコントロール用殺虫製品）の開発・提供により、より一層効果的な感染症予防に取り組んでいます。（日本経済団体連合会）

（3）　セイコーエプソン

　サッカーＪリーグに所属する松本山雅ＦＣの下部組織において、子どもたちがジャイロセンサーなどを搭載したスマートセンシングを装着して技術向上や健康増進につなげる取り組みを試験的に行っています。ボールを蹴ったときに検知した足の動きの方向・速度・衝撃などのデータを、独創のアルゴリズムによって、ボールを蹴るステップや角度が分かる情報に転換します。これにより、コーチが分かりやすく伝えることを支援し、子どもたちに上達する楽しさを提供します。また、別の分析方法によって、正しい歩き方をしているかを解析し、健康・成長のサポートにも貢献します。このアルゴリズムは、他のスポーツや、人の動きと連動する体感ゲームなどにも応用できます。（日本経済団体連合会）

４－４　質の高い教育をみんなに
（1）　エクシオグループ

　アジアの発展途上国の電気通信関係者の人材育成などを実施する特定非営利活動法人「BHN テレコム支援協議会」が実施する人材育成プログラムの一環として、中央技術研修センターにおいて、「Intelligent Connectivity and Digital Transformation for SDGs」をテーマに、社員が講師となり、アジア諸国の研修員に光アクセス施工の技術者育成プログラムを実施しました。同社では、光アクセス工事をはじめとする情報通信ネットワークの構築分野において、更なる技術力の強化・向上ならびに人材育成を図ると共に、アジアの情報通信産業の発展に積極的に寄与していきたいと考えています。（日本経済団体連合会）

（2）　川商フーズ

　同社では、GEISHA ブランド缶詰（鯖のトマト煮）の主要市場であるナイジェリア・ガーナにおいて、「GEISHA」ブランド生誕 100 周年である 2011 年から、次の 100 年に向けた活動として、子供たちの成長に欠かせない「教育」に関する支援

活動を継続しています。現地では、子供たちが自分のノートを持つ機会にすら恵まれておらず、また、床に座って授業を受けているという状況であることから、教育環境の改善に向け、机と椅子、ノートなどを寄贈しています。（日本経済団体連合会）

（３）　ソニーグループ

　同社は国内における子どもの「教育格差」という社会課題の解決に向けた取り組みとして、「感動体験プログラム」を実施しています。近年、貧困や家庭環境、地域の違いなどの理由から、子どもの「教育格差」が広がっていることが国内の社会課題の一つとなっており、学習機会だけでなく、創造性や好奇心、感性などを育む体験機会の差も生じています。同プログラムでは、NPO や NGO 等の外部団体とのパートナーシップのもと、ソニーグループの製品やコンテンツ、技術などを活用し、STEAM （Science（科学）、Technology（技術）、Engineering（工学）、Art（芸術）、Mathematics（数学）の略）分野に関連したワークショップを実施しています。多様なワークショップを通じて子どもたちに感動体験を提供し、好奇心や創造性などの向上をサポートしています。（日本経済団体連合会）

４－５　ジェンダー平等を実現しよう
（１）　日立製作所

　「グローバル女性サミット」は、ジェンダー平等の実現をテーマに、世界中の日立グループから国・地域、会社、職位が異なる多様な従業員が集まり、交流する場となっています。同イベントはより多くの従業員の参加を促すため、毎年開催国を変えており、2019 年度は 10 月に日本において開催、英国、米国、シンガポールに続いて４カ国目の開催となりました。当日は、17 カ国・地域から日立の幹部・従業員約 180 人が参加し、同社の経営者によるスピーチや、各地域で活躍する日立のリーダーによるパネルディスカッションが行われたほか、ワークショップやネットワーキングディナーでは参加者同士がキャリアや課題について情報を交換し、交流を深めました。2019年度から男性従業員も対象としたプログラムを開始したほか、パネルディスカッションには男性幹部が登壇するなど、参加者全員が性別にかかわらず職場におけるジェンダー平等について考える場となりま

した。（日本経済団体連合会）

（2）　ユニ・チャーム

　女性が社会で活躍することは、平等なジェンダーの実現のみならず、貧困の解消や地域の経済発展にもつながります。世界中の女性がいきいきと生活するための一助となるような活動を実施しています。2012 年女性雇用の拡大を目的としてサウジアラビアに女性専用工場を設立し、2013 年 JICA や現地 NGO とインドで初潮教育、2017 年ミャンマーで初潮教育、2019 年生理の価値観を社会全体で創る「#NoBagForMe」の推進、2020 年からは日本において「みんなの生理研修」開催によって、それぞれの国や地域の特性に合わせた商品・サービスを提供するとともに啓発活動を推進しています。（日本経済団体連合会）

（3）　レアジョブ

　オンライン英会話サービス「レアジョブ英会話」はフィリピン人を講師として採用し、日本人受講者に英会話レッスンを提供しています。在宅での勤務が大半で、女性講師の在席が多数。約 6,000 名に上る講師のうち、約 8 割を女性が占めています。就学・育児・介護などの事情があっても在宅で講師として収入を得ることができ、女性が英語スキルや経験を生かして活躍する機会を提供しています。また、10 代の学生や 60 代 70 代のシニア層の講師も在籍しており、女性をはじめ多様な人材が柔軟に働ける仕事の機会を創出しています。（日本経済団体連合会）

4－6　安全な水とトイレを世界中に
（1）旭化成

　世界の都市人口は、2050 年までに 25 億人増加すると予測されています。こうした人口増加や都市化が進むと、環境や都市システムに負荷がかかります。それに伴い、水や空気の質が悪化する、抗菌薬が効かない耐性菌の脅威が増す、更には水そのものが不足するなど社会的なリスクが増大します。同社の製品である UVC LED KLARAN（水・空気・表面殺菌に使用可能な高出力殺菌用深紫外 LED）は、効率的・効果的な殺菌を実現し、こうした脅威に立ち向かう取組みをサポートしています。（日本経済団体連合会）（旭化成、2016）

（２）荏原製作所

　同社グループが 2030 年にありたい姿 E-Vision2030 のマテリアリティの一つ「持続可能な社会づくりへの貢献」の達成へのアプローチとして安全できれいな水を途上国に供給するビジネスモデルづくりに取り組んでいます。その施策の１つとしてケニアに安全できれいな水を届けるプロジェクトを行いました。Ebara Pumps Europe 社（EPE）がドイツの会社とスポンサーシップを提携し、ケニアの特別支援学校に EPE 製ポンプが組み込まれた浄水＆給水施設を設置しました。EPE は施設のスポンサーとして地域コミュニティへの説明、収益の管理、施設のメンテナンスに至る給水システム全体をサポートしながら、途上国向けの水ビジネスの経験と実績を積んでいます。（日本経済団体連合会）

４－７　エネルギーをみんなに　そしてクリーンに
（１）味の素

　アンモニアは同社のアミノ酸などの発酵製品の重要な原料であると同時に、食資源である農業資材にとっても不可欠物質です。市場に流通するアンモニアは、ほぼ100%化石燃料（天然ガス、石炭）を原料に化石燃料産地で製造され、数千キロの輸送を経て、消費者に届けられます。同社では、植林材より水素を得る技術を開発し、つばめ BHB 社触媒を用いて電力消費をミニマムなアンモニア合成を目指し，さらに、必要電力は植林材よりガス化発電したグリーン電力の使用を目指しています。世界で初めてのグリーンアンモニア商業化により、アミノ酸製品のグリーン化を実現し、地球持続性への貢献、「フードシステムのイノベーション」につなげています。（日本経済団体連合会）

（２）川崎重工業

　脱炭素社会への切り札として水素エネルギーへの関心が国内外で高まっています。同社は水素エネルギーの社会実装を進めるため、国際液化水素サプライチェーンの商用化を目指しており、2020 年に日豪パイロット実証（国立研究開発法人新エネルギー・産業技術総合開発機構(NEDO)助成事業）の運用を開始しました。具体的には、豪州での褐炭からの水素製造・現地の陸上輸送・液化水素運搬船へ

の積荷・世界初となる液化水素の長距離海上輸送および神戸での荷役技術の実証に向けたプロジェクトを進めています。商用化時には水素製造時に発生する CO_2 を回収して地中に貯留する CCS(Carbon dioxide Capture and Storage)処理を行うことで、クリーンな水素供給を目指しています。また、同社は再生可能エネルギーを利用して製造・液化した水素を日本へ供給するサプライチェーンの構築についても検討を進めています。国際水素サプライチェーンの構築が実現すれば大量かつ安定的なクリーンエネルギーの供給が実現するだけではなく、CO_2 の大幅な排出削減が可能となり、エネルギーセキュリティーと地球環境の保護・改善に貢献します。（日本経済団体連合会）

（3）J.フロント　リテイリング

　同社グループは、最重要マテリアリティに「脱炭素社会の実現」を掲げ、店舗を中心に取り組みを進めています。「大丸心斎橋店本館」（2019 年）、「心斎橋PARCO」（2020 年）は、再生可能エネルギー100%導入店舗として開業しました。「大丸心斎橋店本館」は、照明の 100%LED 化や社用車の EV 化（約 90%）、また屋上緑化スペースを活用した養蜂などの環境保全活動も実施しており、環境に配慮した店舗は、大阪・心斎橋地区の新たなランドマークとなっています。（日本経済団体連合会）

４－８　働きがいも経済成長も
（1）伊藤忠商事

　がんになっても、自分の居場所はここだと実感し、安心して働き続けることの出来る職場を実現すると共に「厳しくとも働きがいのある会社。日本一強くいい会社。」を目指しています。具体的には、「予防」「治療」「共生」の 3 つの観点からなる施策に取り組んでいます。

　(1)産業医、保健師等による国境を越えた個別支援

　(2)国立がん研究センターとの提携による定期がん特別検診の実施

　(3)高度先進医療費の支援充実

　(4)がん、指定難病に対する特別休暇付与

その他、残された家族への子女育英資金の支給（大学院卒業まで）を通じ、就

学・就労を支援しています。（日本経済団体連合会）

（２）　大和ハウス工業

　千葉県流山市は交通条件の良さなどから、人口増加率が高く、子育て世代も増えています。そこで働き方改革への支援として、親子で通勤ができ、緊急時でも保護者がすぐに対応できるなど「職育近接」の労働環境を備えるマルチテナント型大規模物流施設群「DPL 流山」を整備しています。安心して仕事と子育てを両立できる保育施設を完備すると共に、免震システムや非常用自家発電機を設置するなど、BCP（事業継続計画、Business Continuity Plan）にも対応した防災配慮設計を施し、8,000 人の雇用を目指しています。また物流業界の人手不足を背景に、物流の効率化・自動化を実現するために、AIやロボットなどの最新技術を取り込んだ次世代型多機能物流施設です。（日本経済団体連合会）

（３）　日本生命保険

　子育てと仕事を両立できる環境を整備し、社会課題である待機児童問題の解決に貢献すべく、安定稼働が課題の企業主導型保育所と保育所探しに悩む子育て世代の企業の従業員を仲介する WEB マッチングサービス「子育てみらいコンシェルジュ」を、同社子会社の株式会社ライフケアパートナーズにて 2020 年 1 月より展開しています。450 施設以上の企業主導型保育所をネットワークし、見学・入所の『ワンクリックでの申し込み』を実現する等、子育て世代をサポートするシステムを構築しています。（日本経済団体連合会）

４－９　産業と技術革新の基盤をつくろう
（１）ＮＴＮ

　手首関節モジュール「i-WRIST®」は、独自のリンク機構の採用により小型・省スペースで広い可動角度範囲を実現すると共に、細かな位置（角度）変更を人間の手首と同じような動きで高速に行うことができるモジュール商品です。「i-WRIST®」の先端部にエンドエフェクタを取り付け、グリース塗布や洗浄、組立などの用途で、あらゆる取り付け姿勢に対応可能です。近年、労働人口の減少に伴い、これまで人手に頼ってきた外観検査をはじめとする作業工程の自動化の需要

が拡大しています。i-WRIST「IWS シリーズ」は、お客さまの生産現場のロボット化・自動化を後押しすることで、生産性や品質の更なる向上に貢献しています。（日本経済団体連合会）

（２）コマツ

　同社は 2008 年より、鉱山で稼働する無人ダンプトラック運行システム（AHS）を商用導入し、グローバルに導入を進めています。建設・鉱山機械自動化・自律化に取り組むと共に、モノ（機械の自動化・自律化）とコト（施工オペレーションの最適化）でお客様の施工のＤＸを実現し、安全で生産性の高いスマートでクリーンな未来の現場の実現を目指しています。（日本経済団体連合会）

（３）日本製紙

　「長持ちロール」は日本製紙グループの日本製紙クレシアが日常生活で不可欠なトイレットロールを長年販売している中で、ビッグデータを活用することにより消費者ニーズをデータから読み取り製品化したトイレットロールです。１ロール当たりの長さを従来品より長く巻いても従来同様の使い心地を実現すると同時に、取り換えの手間が少なく、収納スペースが削減でき、災害用備蓄にも役立ちます。コンパクトで持ち運びしやすい点も特長です。また、ロールのコア芯などの副資材の削減や、配送時の積載率の向上による CO_2 削減等、環境負荷の低減にも貢献しています。（日本経済団体連合会）

４－１０　人や国の不平等をなくそう

（１）ＴＯＰＰＡＮ

　「VoiceBiz®（ボイスビズ）」は、音声 12 言語、テキスト 30 言語の翻訳が可能な音声翻訳サービスです。訪日外国人や外国人就労者の増加に伴い、自治体や教育・医療分野において、在留外国人とのコミュニケーションの機会は増加傾向にあり、コミュニケーションをとる際「正しく伝わっていることが確認できない」「意思疎通が難しい」「伝えるための工夫・時間を要する」といった課題が顕在化しています。「VoiceBiz®」は、深層学習を用いたニューラル機械翻訳技術により円滑なコミュニケーションを支援し、多様な人が共にくらせる誰一人取り残さ

ない社会に貢献しています。（日本経済団体連合会）

（2）ＢＩＰＲＯＧＹ

　「AI を活用した手話コミュニケーション」は、ろう者(手話コミュニケーション)と健常者(音声コミュニケーション)の間に AI が入り、意思の疎通を図るサービスです。AI を使って手話の画像を認識、会話の意図を理解し、文章化してテキスト表示または音声化を行うほか、健常者の発話を音声認識、会話の意図を理解し、文章のテキスト化または手話を CG 等により表示します。障害の壁を越えた新たなコミュニケーションツールとして、教育、医療等、様々な分野への応用が期待されています。（日本経済団体連合会）

（3）WOWWOW

　「WHO I AM」シリーズは IPC（国際パラリンピック委員会）の共同プロジェクトとして 2016 年にスタートした、世界最高峰のパラアスリートに迫る大型シリーズです。多くの国のトップアスリートに密着し、競技においてはもちろん、人生においても自信に満ちあふれ、「これが自分だ！」という輝きを放つ選手たちの姿を描いてきました。「放送はゴールではなくスタート」を合言葉に、多様な個性を認め合う未来社会に貢献することを目的とし、ドキュメンタリーの無料放送・配信、国内外での上映、アスリート招聘イベント、企業・団体とのコラボ、映像の教材化、講義・講演活動、コミック＆書籍化、ユニバーサルスポーツイベントの立ち上げ、WHO I AM HOUSE の竣工など、映像を基軸とした幅広い展開に取り組んでいます。（日本経済団体連合会）

４－11　住み続けられるまちづくりを
（1）　イトーヨーカ堂

　日常のお買物に不便を感じていた方に向けて、冷蔵機能のある車両「とくし丸」で移動販売を実施しています。お客様のお家の近くまで伺うことで、ご高齢の方へ見守り活動としての役割も果たし、地方自治体と協力し、安全・安心な地域社会づくりをサポートしています。この取り組みは株式会社とくし丸と連携し「イトーヨーカドーとくし丸１号車」用を、イトーヨーカドー南大沢店で開始しまし

た。お買物に不便を感じているお客様のお買物支援を行うと共に、地域と連携しながら見守り活動に関する事業を進めています。（日本経済団体連合会）

（２）　ＫＤＤＩ

　同社では地方創生の取り組みを全国の自治体や教育機関、地元企業等と連携して行っています。IoT（Internet of Things、モノのインターネット）技術を活用した小浜市の鯖養殖や豊岡市の無農薬水稲栽培の効率化、舞鶴市の防災対策、導入費用を低廉に抑えて交通機関をキャッシュレス化する、南予地区で取り組んだ観光・交通MaaS（Mobility as a Service、色々な種類の交通サービスを、需要に応じて利用できる一つの移動サービスに統合すること）等、各地で実証実験を数多く実施しています。また、地域の企業を支援するファンドを設立しています。特に最近注力しているのが、人財の育成です。地域で活躍する起業家やエンジニア、DX推進者の育成のため、各地の大学や高専等と連携を進め、起業家育成を目的とする授業や講演の実施、各種ビジネスプランコンテスト等への協力を積極的に進めています。（日本経済団体連合会）

（３）　吉本興業ホールディングス

　吉本興業の地域事業は芸人が 47 都道府県に実際に住んで地域の元気と笑顔に貢献してきました。人口減少や高齢化など多くの地方自治体が抱える様々な社会課題と向き合い、よしもと芸人ならではのアイデアや発想で持続可能な形で推進しています。そのような取り組みの中で「ジャパン SDGs アワード」で最高賞を受賞した北海道下川町とは 2018 年 7 月に『プロジェクト"下川町株式会社"』を発足しました。下川町の地元の皆様と共に作り上げるメイドイン下川町の「しもかわ森喜劇」、下川町を舞台に人と人のつながりを描く映画「リスタート」の制作、そして下川町の特産品「フルーツトマト」の魅力をエンタテインメントの力で認知拡大を図るなど、地域の皆様と連携し、多種多様な形で地域振興に貢献してきました。（日本経済団体連合会）

4－12　つくる責任 つかう責任

（1）ＡＮＡホールディングス

　同社グループでは、資源類の廃棄ゼロを目指し、「プラスチック」「食品」「衣類」「紙類」と多岐にわたるアップサイクル活動で SDGs を推進しています。

1. 機内食容器にサトウキビ由来のバガス素材を使用、また空港ラウンジや機内で使用の容器類を紙やバイオプラスチックなどの環境配慮型素材に変更。
2. 規格外バナナとオーガニック米から抽出した発酵エタノールを活用し、「お米とバナナの除菌ウエットティッシュ」として商品化。
3. 整備士やグランドスタッフの廃棄作業着をリメイクし、人気の高い ANA ロゴ入りバッグとして製品化。
4. 紙冊子時刻表からオンライン時刻表へ移行し、植林木約 7000 本分に相当する紙消費量を削減。（日本経済団体連合会）

（2）花王

　1991 年に日本でつめかえを発売して以来、環境に配慮すると同時に、こぼさず、残さず使えるよう使いやすさにも配慮した容器へと改良を重ね、2016 年 1 月には、シャンプーやコンディショナーのつめかえ用として「ラクラク eco パック」を発売しました。2018 年には、「ラクラク eco パック」をそのままホルダーに差し込み、ポンプディスペンサーを取り付けて使用することができる「スマートホルダー」を発売しました。つめかえの手間も省くことができ、自分の好みに合わせて選んだ容器でのバスタイムを楽しみながら、環境にもやさしい暮らしにつながります。更に、2020 年には、「ラクラク eco パック」をそのまま吊り下げて、適量を押し出すことができるラクラクスイッチも提案しています。日本では、80％のつめかえ比率となる一方、そうした生活習慣がない市場に向けて、空気で膨らませて自立させるエアインフィルムボトルを開発し、2020 年 4 月に米国で発売しました。フィルム容器でありながら、本体ボトルのように使用することでき、新しい包装容器の提案を海外に向けても一石投じています。（日本経済団体連合会）

（3）丸紅

　同社の出資先である Circ 社は、綿・ポリエステル製品をポリエステル原料とセルロース繊維原料に再生する技術を開発しました。これは、化学薬品の使用を極力抑えた加水分解の手法を用いることで環境負荷を低減させるとともに、繊維再生効率も高いことから、廃棄物削減・サーキュラーエコノミーにも寄与します。Circ 社の技術に加え、丸紅グループが有するグローバルネットワークを活用することにより、再生された原料を、糸、生地、衣料製品へと加工し、最終的には消費者へと届けています。また、こうしたサプライチェーンの過程において、縫製工場で発生する端材や消費者が着用した古着などを回収し、再び Circ 社にて繊維原料に再生するという、サステナブルなサーキュラーエコノミーを実現するビジネスモデルの構築に取り組んでいます。（日本経済団体連合会）

４－13　気候変動に具体的な対策を

（1）大和証券グループ本社

　同社では、投資先の財務情報に加えて、社会面や環境面での取組みなどを考慮し、株式や債券などを組入れた SDGs 関連ファンドを取り揃えています。　2021年 7 月には、グループ会社の大和アセットマネジメントが設定した「脱炭素テクノロジー株式ファンド」の取扱いを開始しました。同ファンドでは、CO_2 排出削減に繋がる技術を持つ企業を投資先とすることに加え、投資先の企業の排出する CO_2 を算出しその排出量と同量の CO_2 を吸収できるグリーンプロジェクトに資金拠出することで、国内初となるファンドとしてのカーボンゼロを目指します。また、信託報酬の一部を、認定 NPO 団体の植樹プロジェクトに寄付しています。これらの取組みは、クリーンで持続可能なエネルギー供給といった課題の解決に貢献することができます。（日本経済団体連合会）

（2）トヨタ自動車

　多様な一次エネルギーから製造可能で地球環境・エネルギーセキュリティに貢献できる水素を燃料とする FCEV（fuel cell electric vehicle、燃料電池自動車）は、ゼロエミッションでありながら短い燃料充填時間で長い航続距離を可能とします。2014 年に世界に先駆けて量産を開始し、2020 年に二代目にフルモデ

ルチェンジを行いました。社会の低炭素・脱炭素化に向け水素利用が様々な形で進んでいる中、トヨタは小型高効率で生産性を追求した新型の FC システムを、トラック・バスなど社会を支えるモビリティにも活用し、水素利用の拡大に貢献していく計画です。（日本経済団体連合会）

（3）日本郵船

外航海運のゼロエミッション化は大変な努力と困難を伴いますが、達成すべき重要な課題です。2018 年 11 月、同社は（株）MTI およびフィンランドの船舶技術コンサルタント会社 Elomatic 社と共同で、新たなコンセプトシップ「NYK スーパーエコシップ 2050」を考案しました。船体重量の軽量化や船型の最適化により船体の摩擦抵抗を低減するほか、運航効率の向上とデジタライゼーションの活用も推進し、ハードとソフトの両面からアプローチします。また同時に舶用燃料を温室効果ガスを排出しないゼロエミッション燃料（水素、アンモニアなど）への転換を推進することで、国際海運の脱炭素化への実現に貢献します。（日本経済団体連合会）

4－14　海の豊かさを守ろう
（1）シオノギヘルスケア

北海道南部地域に生息する天然ガゴメ昆布の生数が激減していることを踏まえ、同社は養殖の利用を推進することで天然資源の再生を目指しています。養殖ガゴメ昆布は天然より品質が劣り加工用に限定された用途しかありません。本取り組みでは、ガゴメ昆布の需要者である同社が主導となって養殖ガゴメ昆布の品質改善を図り需要促進を行っています。また、道南地域の伝統産業である昆布漁を守ることは地域の活性化に繋がります。更に、昆布はカーボンニュートラルにおける二酸化炭素の吸収源として注目されており地球温暖化が叫ばれる中、ガゴメ昆布の減少を防ぐことは二酸化炭素排出削減目標達成にも効果が期待できます。（日本経済団体連合会）

（2）帝人フロンティア

洗濯時に発生する繊維くずがマイクロプラスチック（分解されて小さくなった

プラスチック）の原因の一つと考えられており、秋冬用衣料品に使用されるフリースに代表される起毛加工品は、特に洗濯時に繊維くずが出やすい構造の素材です。同社のマイクロプラスチック対策衣料用繊維構造体は、ポリエステル長繊維を使用し、起毛加工をせずに、軽量で嵩高な衣料用繊維構造体を構成しているため、洗濯時に繊維くずの発生を抑制できる素材です。これらは同時に、起毛加工の風合いや保温性を損なわれないような構造としています。更に、特殊な機能繊維・構造体との組合せにより、吸汗速乾性や発汗時の不快なべとつき感や汗冷えを防止する等の機能性の付加も可能です。（日本経済団体連合会）

（3）日揮触媒化成

　洗顔料やボディソープ等の洗い流しタイプのスクラブ製品に配合されていた数百ミクロン級の大きなプラビーズが、河川、湖、海洋に流出、堆積し、水質汚染につながっていることが指摘されており、化粧品メーカー各社が代替品を探索していました。これに対して豊富な天然資源である二酸化ケイ素（以下、シリカ）からなるスクラブ粒子を開発して、2015年に市場投入し、これまでに数百トンを販売しています。その後、同社は、ファンデーションやスキンケア製品等の化粧品にも、サイズが数ミクロン級のプラビーズが使用されていることに着目し、これら目には見えない小さなプラビーズの代替品を独自に開発し、顧客に提案しています。（日本経済団体連合会）

４－15　陸の豊かさも守ろう

（1）大林組

　同社は、「伐って、使って、植えて、育てる」森林資源の循環利用を適切に行い、持続可能性と魅力ある暮らしを両立する循環型社会「森林と共に生きる街「LOOP50」」を構想しています。木造・木質化建築への取り組みを通じて、持続可能な社会の実現を目指しています。（日本経済団体連合会）

（2）サッポロビール

　地球的規模での食料・環境問題解決に貢献するため、2017年に学校法人東京農業大学と包括連携協定を締結しました。ホップの根系の発達が乾燥など水ストレ

スへの適応能力を高めているという仮説に基づき、根系発達の品種間差異について共同研究を進めています。この研究を進めることで、干ばつや多雨といった異常気象、それらによる水ストレスや病害など、収量減少や品質低下の要因に対応できる品種の開発・実用化を目指しています。（日本経済団体連合会）

（3）フジクラ

　同社本社敷地の再開発にあたり、地域住民からの自然確保の要望を考慮し、ビオトープの創設を決意し、2010 年 11 月に開園しました。生物多様性確保が重要な社会課題であったため、動植物は関東の在来種を主とし、外来種を排除することとしました。「千年の森」の名前には、江東区木場の地で地域の皆様と一緒に「豊かな自然が遥か一千年先の未来まで続いていくように」との願いを込めています。2017 年 9 月、同社の取り組みが評価され、東京都在来種植栽登録制度「江戸のみどり登録緑地」に最初の優良緑地として登録されました。また、再生可能エネルギーの導入として、池の浄化ポンプの電源は敷地内の太陽光パネルから供給しています。（日本経済団体連合会）

4－16　平和と公正をすべての人に
（1）　エリクソン・ジャパン

　汚職や非倫理的な商習慣は、経済的・社会的発展の妨げとなるもので民主主義制度を弱体化させます。すべてのステークホルダーからビジネス慣行の透明性を高め腐敗を許さない方針とコンプライアンス文化を確保するための倫理・遵守プログラムを求める声が寄せられています。強固な倫理・コンプライアンスプログラムを導入し、従業員に適切な教育を施すことができなければ、会社は信頼と評判を失い、コストが増加し営業許可を失う危険性があります。同社は評判と信頼は勝ち取ることが難しく失うことが簡単であることを理解し、誠実さをもって技術のリーダーシップに則ってビジネスを勝ち取るよう努力しています。また 2021 年にインテグリティを同社のコアバリューとして引き上げ、企業責任をビジネスに根付かせることに取り組んでいます。これは同社がリーダー向けに実施している倫理的な対応に焦点を当てたトレーニングや、管理職や社外関係者との接点の多い職務に就く従業員を対象とした贈収賄・汚職防止トレーニングに顕著に反映

されています。さらに、全従業員がオンラインで贈収賄・汚職防止トレーニングを受講することが義務付けられています。（日本経済団体連合会）

４－１７　パートナーシップで目標を達成しよう
（１）　コングレ
　新技術を活用したイノベーティブなMICE（企業等の会議（Meeting）、企業等の行う報奨・研修旅行（インセンティブ旅行）（Incentive Travel）、国際機関・団体、学会等が行う国際会議　（Convention）、展示会・見本市、イベント（Exhibition/Event）の頭文字を使った造語）（日本政府観光局）の実現で社会課題解決を促進することを目的に、異業種の新たなソリューションを掛け合わせてイノベーションを創造するプラットフォーム「MICEイノベーション研究会」を主催しています。MICEの主催/運営/施設事業者等と新技術を擁する異業種企業や、新材料・要素技術を持つ企業とそれを求める事業者とのビジネスマッチングをはじめ、産学連携や研究開発の事業化支援、オープンイノベーション、スタートアップなどへの支援も予定しています。研究会には2021年10月現在500を超える企業・団体が参画、実証の場の提供を通じて新技術の実装も支援しています。（日本経済団体連合会）

（２）ＳＢＩ新生銀行グループ
　Arts United Fund（以下「AUF」）は、コロナ禍で影響を受けたフリーランスの文化芸術関係者を応援するために、2020年5月に設立された公益基金で、芸術文化の生態系を守ることを目標にしています。「AUF」の全体統括はケイスリー株式会社が行い、新生銀行グループは中期経営戦略「金融リ・デザイン」に基づき、社会課題解決に向けた役割を果たすことを目的に「AUF」に寄付を行いました。「AUF」の社会的成果を明らかにするため、また、今後求められる支援について調査するため、助成先の芸術文化関係者にアンケートを実施して成果を測定し、その結果を2021年8月に公表しています。（日本経済団体連合会）

（３）三菱地所
　東京丸の内を起点に、多様な企業・団体と社会課題解決型のコミュニティを構

築し、解決に向けたアクションを共創し、社会実装しています。同社は、実行委員会形式で取り組む本プロジェクトの実行委員長企業として、資金・人員ともに動員し、当該組織を通して主体的に活動を展開しています。2020年の始動より延べ120社超と企画連携してきました。同じ街にいながら今まで個々に活動していた各社が、この活動を軸にパートナーシップを組んでSDGs達成に向け集い、街のムーブメントとして拡大しています。（日本経済団体連合会）

　このようにSDGsの17の目標別に企業を探し出すことも可能です。次章では改めて社会的な課題を概観し、企業の様々な活動を紹介します。

【参考文献】

旭化成、2016 年、「高出力殺菌用深紫外 LED「Klaran」の販売開始について」

https://www.asahi-kasei.co.jp/asahi/jp/news/2016/ze160512.html

（アクセス日：2024 年 4 月 6 日）

日本経済団体連合会、「Innovation for SDGs」

https://www.keidanrensdgs.com/innovationforsdgs

（アクセス日：2024 年 4 月 6 日）

日本政府観光局、「MICE とは」

https://mice.jnto.go.jp/about-mice/whats-mice.html

（アクセス日：2024 年 4 月 13 日）

三浦莉奈、2021 年、「SDGs の取り組み事例 51 選｜企業と個人の事例を 17 の
ゴール別に徹底網羅」、SDGs CONNECT

https://sdgs-connect.com/archives/1800

（アクセス日：2023 年 1 月 4 日）

第5章　社会的な課題

　第3章～第4章ではSDGsを切り口に見てきましたが、本章では改めて社会的な課題を概観し、そうした社会的な課題に取り組む企業を紹介します。

5－1　気候変動

（1）　現状と課題

　気候変動とは、気候の状態が長い時間の中で変化していくことです。日本でも問題となっている、気温上昇や台風なども気候変動の影響であると言われています。気候変動が起きる要因は、気候のシステムの「内部要因」と「外部要因」の2つに分けられます。内部要因とは、大気・海洋・陸面 が自然法則に従って相互作用することであり、これによる自然変動の代表的な例にはエルニーニョ／ラニーニャ現象があります。外部要因は「自然的要因」「人為的要因」の2つに分けられますが、近年の気候変動は、人為的要因により地球温暖化が進んだことが原因だと考えられています。（スペースシップアース編集部：2024）

図表5－1　自然的要因と人的要因

自然的要因：太陽の活動に変化があったり、火山の噴火で大気中の微粒子が増加
人為的要因：人間活動によって排出される二酸化炭素の増加

出典：スペースシップアース編集部、2024年、「気候変動の原因とは？現状や日本・地球に及ぼす影響と対策をわかりやすく解説」、エレビスタ株式会社
　https://spaceshipearth.jp/climate_change/（アクセス日：2024年7月5日）

　気候変動は日本の米の品質や果実の栽培地域にも影響します。加えて、台風によって被害を受けやすいのも特徴です。気候変動は森林にも影響が出ています。

二酸化炭素を吸収する役割を持つ森林がなくなってしまうのは、地球温暖化が進行するとともに、森に住んでいる動物たちにも危険を及ぼします。海水温の上昇により、漁獲できる魚種に変化が起きています。漁業においては、赤潮の存在も懸念されています。このように、気候変動は天候だけにとどまらず、生態系や私たちの暮らしに大きな影響を及ぼしています。（スペースシップアース編集部：2024）

（2）企業の取り組み

　1986 年に設立されて以来、気象情報サービスを通して人々の問題解決を支援してきた**ウェザーニューズ**では、海から始まった気象サービスが空や陸へと広がり、現在は世界約 50 カ国のお客様へ、24 時間 365 日、気象リスクや対応策を伝えています。同社は企業や自治体の気候変動への適応の支援に注力しています。猛威を振るう台風、ハリケーン、サイクロンや豪雨による洪水など、気候変動に伴う極端な気象現象により災害が発生し、これまでにない大きな被害が生じています。そこで、企業や自治体の DX を推進する気象データ提供・分析サービス「WxTech®」において、2020 年 8 月に工場、倉庫、店舗や病院等の施設管理者向けに「災害対策判断支援サービス」の提供を開始しました。本サービスではウェブサイト上で同社独自の高精度な気象データや公的機関の気象・防災情報を一元的に確認できる他、災害時の対策を判断する基準である「災害リスクスケール」を提供しています。本サービスは災害の発生時を想定したものではありますが、常に施設周辺の天気や気温を把握することができるため、平時から気象情報の確認等にも活用することができます。（気候変動適応情報プラットフォーム HP「工場、倉庫、店舗、病院向け「災害対策判断支援サービス」」より）

　近年夏季の気温上昇が大きな社会問題となってきている中、体温調節機能が低下している高齢者や、体温調節が未発達な子供、活動強度の高いアスリートや労働者など、暑熱環境の影響を受けやすい方々に対する熱中症対策は大きな課題となっている。世界の人々の健康に貢献することを企業理念に事業活動を営んでいる**大塚製薬**では、製薬会社の知見を生かして「汗の飲料」をコンセプトに、1980 年にポカリスエットを開発しました。発売以来、発汗によって失われた水分・電解質（イオン）補給に関する研究を継続し、様々なシーンでの有用性について科

学的根拠を蓄積してきました。2018年には、これまでの熱中症研究で蓄積したノウハウをもとに、「深部体温（体の内部の温度）」の上昇を抑えることに着目した「ポカリスエットアイススラリー」を商品化しました。アイススラリーとは、微細な氷と液体が混合した流動性のある飲料で、電解質補給と身体冷却を同時にでき、水の比熱に加えて固体（氷）から液体への相変化時に熱が吸収されるため、液体の水のみよりも身体冷却効果があると考えられています。常温保存が可能な液体を凍らせてスラリー状にする独自の技術によって「飲める氷」を実現し、水分補給だけでは解決できない熱中症の課題に対して、身体を芯から冷やすという、新たな解決策を提案しています。（気候変動適応情報プラットフォームHP「熱中症対策への新たな期待－「深部体温」に着目した「ポカリスエットアイススラリー」の開発」より）

　魚群探知機や船舶レーダーなどを取り扱う船舶用電子機器総合メーカーである**古野電気**では、舶用機器で培ってきた技術を駆使し、幅広い製品やサービスをご提供してます。気候変動の影響により、頻発化・極端化する気象災害による被害など世界的な異常気象の問題が問われる中で、河川氾濫、都市部浸水や地すべり等の突然の災害から命や財産を守ることが社会にとって急務となっています。同社が提供する世界最小・最軽量級の小型X帯ドップラー気象レーダーは、これまでに設置が困難とされてきた街中の既存建物や山間部への設置を可能にし、従来の衛星観測や大型気象レーダーでは難しかった低高度および山間部や島々の降水観測や高精度のリアルタイム降水観測を実現しました。（気候変動適応情報プラットフォームHP「局所的気象観測ソリューションの提供による安全安心な社会の実現」より）

5－2　脱炭素

（1）　現状と課題

　脱炭素とは、地球温暖化の原因となっている二酸化炭素等の温室効果ガスの排出を抑制する運動のことです。特に、二酸化炭素の排出によって世界の平均気温は、1891年の統計開始以来、約0.95度の上昇がみられており、地球全体の二酸化炭素濃度は産業革命前より40％も増加しています。このような、二酸化炭素をはじめ有害な炭素の排出を抑えることで、地球温暖化の進行を緩やかにし、地球の

未来を守る運動のテーマが「脱炭素」です（脱炭素ポータル編集部：2022）。

　カーボンニュートラルとは、「カーボン＝炭素」と「ニュートラル＝中立」を組み合わせた言葉で、温室効果ガスの排出を実質ゼロにすることを目指すものです。カーボンニュートラルが達成された社会を「脱炭素社会」とも言います。日本では、「2050 年カーボンニュートラル宣言」を掲げ、脱炭素社会の実現に向けて取り組みを進めているところです。カーボンオフセットとは、カーボンニュートラルの実現において欠点を補う概念で、例えば、二酸化炭素の排出量を削減するにあたって、森林保護活動を行ったり、再生可能エネルギーの開発を行ったり、その活動に投資をすることなどがカーボンオフセットの取り組みにあたります（脱炭素ポータル編集部：2022）。

（2）　企業の取り組み

　事務機や医療を本業とする**コニカミノルタ**は、国内製造業として初めて「2030 年にカーボンマイナスの実現」という高いハードルを掲げました。メーカーが自社製品のライフサイクル（調達、生産、物流から販売など）を見直すことで二酸化炭素の排出量を減らすのは一般的ですが、同社の場合自社だけでなく、顧客企業や調達先のサプライヤーに対しても具体的な環境目標（二酸化炭素排出量の削減）を求めています。2020 年 6 月には、同社が主導し「環境デジタルプラットフォーム」を立ち上げました。業種の異なる企業が環境ノウハウ・技術を共有することで、脱炭素時代を賢く乗り切ろうというのが目的です。（ダイヤモンド編集部、2021：44-45）

　世界第 2 位の自動車部品メーカーである**デンソー**はモノづくりにおけるカーボンニュートラルを 2035 年までに実現することを目指しています。日本政府が目標とする 2050 年のカーボンニュートラルを 15 年前倒しするという挑戦的な目標です。以前から「環境」を最優先テーマとしていた同社として、モノづくりで培った技術を活用し、エネルギー消費量の多い製造業としての責任をいち早く実現したいという意気込みで、将来的には社会全体のカーボンニュートラルに貢献したいと考えています。（小林、2022：50-51）

　電気自動車（EV＝Electric Vehicle）などに搭載され、製品の電力効率を左右するパワー半導体の製造で有名な**富士電機**は、電力変換を意味するパワーエレクト

ロニクスをコア技術に持つ電機メーカーです。同社は脱炭素化を推進する「縁の下の力持ち」として注目を集めています。パワー半導体やパワーエレクトロニクス、世界トップシェアの地熱発電や省エネを実現した自動販売機など、供給サイドから需要サイドまで、エネルギーや環境に関わる幅広い分野で脱炭素に貢献できることが同社の強みです。(岡・加藤、2022：52-53)

5－3　再生可能エネルギー

（1）　現状と課題

　再生可能エネルギーとは「私たちが消費しても自然界の中で再生され、使い切る心配のないエネルギー」のことをいいます。2009 年 8 月施行のエネルギー供給構造高度化法では再生可能エネルギーを「太陽光、風力、その他の非化石エネルギーのうち、エネルギー源として永続的に利用することができると認められるもの」と定義しています。再生可能エネルギーの種類としては、太陽光、風力、バイオマス、地熱、水力、太陽熱、雪氷熱、温度差熱、地中熱、海流、潮流、波力、海洋温度差があげられます。再生可能エネルギーは、太陽、大気、森林、地球のマグマ、河川、海洋などの自然界が持つエネルギーを電気や熱として取り出すことで、私たちの生活や産業に利用します。これらの再生可能エネルギーのうち、固定価格買取制度（事業者や一般家庭が再生可能エネルギーで発電した電力を、電力会社が一定期間、一定の価格で買い取ることを国が約束する制度）の対象になっているのは、太陽光、風力、バイオマス、地熱、中小水力の 5 つになります（今村、2022：14）。環境エネルギー政策研究所の調べによると、2021 年度の日本国内の年間発電電力量に占める自然エネルギーの割合は 22%に達しています。(環境エネルギー政策研究所、2022 年)

図表5－2　国内電力の電源構成

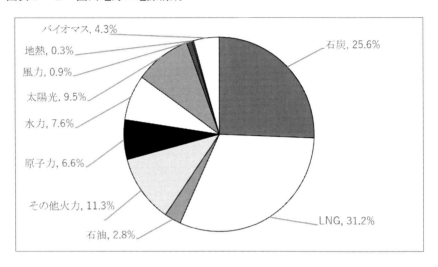

出典：環境エネルギー政策研究所、2022年、

　　　「国内の2021年度の自然エネルギー電力の割合と導入状況（速報）」

　　　https://www.isep.or.jp/archives/library/14041

　　　（アクセス日：2023年1月9日）

　再生可能エネルギーには3つのメリットがあります。第1に環境への負荷が少ないことです。化石燃料を燃やす火力発電は大量の二酸化炭素を排出しますが、再生可能エネルギーを用いた発電は二酸化炭素を排出しません。第2に国産の資源であることです。日本の石油は中東諸国からの輸入に依存していますが、再生可能エネルギーは国内で調達できるため、国際情勢の動向に左右されず、エネルギー安全保障上のリスクを減らすことができます。第3に資源が枯渇する恐れがないことです。石油や石炭などの化石燃料は埋蔵量に限りがありますが、太陽光や風力は無尽蔵にあるため、繰り返し利用することができます。(今村、2022：15)

　再生可能エネルギーの導入拡大に伴って必要になるのが、蓄電池や水素及びスマートグリッド情報通信技術を活用することで電力ネットワーク全体における電力の需要と供給の調整を効率的かつ最適に行う仕組み）の活用です。再生可能エネルギーは気象の影響を受けて発電出力が大きく変動するため、電力を貯蔵する

機能を持つ蓄電池や水素が重要な役割を果たします。一方、従来型の大規模集中型の電源と再生可能エネルギーによる小規模分散型の電源を、電力の需要に合わせてきめ細かく制御する必要があり、スマートグリッドを活用することで、電力網全体の電力需給を効率化・最適化することができます。（今村、2022：17）

図表５－３　再生可能エネルギーのメリット

■環境負荷が少ない⇒二酸化炭素を出さないため気候変動対策に有効
■国産の資源　　　⇒エネルギー安全保障上のリスクを軽減
■資源が枯渇しない⇒太陽光や風は無尽蔵に存在するため繰り返し利用が可能

出典：今村雅人、2022 年、『最新再生可能エネルギーの仕組みと動向がよ～くわかる本』、秀和システム、P.15(一部修正)

（２）　企業の取り組み

　東京ガスは策定した経営ビジョン「Compass2030」の中で「CO_2 ネット・ゼロをリード」という目標を掲げています。その挑戦の１つとして再生可能エネルギー事業に取り組んでおり、2030 年には国内外合わせて、再エネ電源取扱量 600 万 kW を目指しています。同社グループの再生可能エネルギー事業は、日本全国・海外における太陽光、風力、バイオマスなどの電源開発のほか、再生可能エネルギー電力の調達を行っています。脱炭素社会の実現に向け、発電出力の変動幅の大きい再生可能エネルギー電源と、天然ガス火力発電所などの調整力を組み合わせ、安定的かつ低廉な電力を供給することを企図しています。同社グループの再生可能エネルギー事業は、発電所の開発、運営・メンテナンス、再生可能エネルギー由来の非化石価値と組み合わせた電気の提供、顧客の電気の自給自足や地域の電気の地産地消に向けたソリューションサービスなど、多岐に渡っています。（東京ガス HP より）

　再生可能エネルギーの利用拡大に不可欠ともいえるのが、エネルギーをムダにせず、有効活用できるシステムです。自動車用バッテリーや産業用電池など、エネルギーを効率良く充放電させる技術を根幹としたＧＳユアサは、この課題を技術力で解決し、蓄電池を組み合わせたシステムの開発により、電力の出力変動を緩和し、安定した電力供給に貢献しています。同社では、培ってきた蓄電技術で

革新的な製品を生み出し続け、グローバルな社会課題の解決に貢献していくことを目指しています。（ＧＳユアサ HP より）

5—4　水素社会

（1）　現状と課題

　水素社会とは、水素の利用が社会の中に広く浸透し、水素がエネルギー供給の重要な役割の一端を担う社会のことです。気候変動への懸念が高まる中、脱炭素社会を目指すことは世界的な潮流となっており、エネルギーシステム改革の柱として期待されているのが、再生可能エネルギーと水素エネルギーです。（今村、2022：3）

　水素は燃料電池で発電したり、水素を燃焼させて熱エネルギーとして利用する際に、二酸化炭素の排出がありません。このため、化石燃料から水素へエネルギーの転換を進めることで地球温暖化を抑制する効果が期待できます。また水素は様々な方法で製造することができるため、エネルギー安全保障の面でも有効です。更に、水素をエネルギーキャリアとして利用することで、太陽光や風力発電の大量導入を後押しします。日本では、1970 年代から水素エネルギーの技術開発が進められ、今では、水素の製造、輸送や貯蔵、供給や利用に関する様々な技術が実用化段階に達しています。（今村、2022：3、9）

　一方で、今使っているエネルギーを水素エネルギーに転換していくことは簡単なことではありません。水素を製造、輸送・貯蔵、利用するための社会インフラの整備が不可欠です。産学官が連携し、様々な施策を総動員して、水素社会の実現に向けて注力していくことが求められています。（今村、2022：196）

（2）　企業の取り組み

　燃料電池自動車（FCV＝Fuel Cell Vehicle）は搭載した燃料電池で発電した電気を使ってモーターを回し、車を走らせます。走行中に排出するのは水だけという、優れた環境性能を持っています。2014 年 12 月にトヨタ自動車が、2016 年 3 月には本田技研工業が、それぞれ FCV を発売しています。政府は 2030 年までに80 万台の FCV を普及させるという目標を掲げています。FCV を普及させていくためには、車両価格の引き下げ、水素ステーションの整備、燃料としての水素価

格の引き下げなどが求められています。(今村、2022：121、126)

　川崎重工業は、ロケット燃料用液化水素タンク、LNG 用貯蔵タンクや LNG 運搬船などを世に送り出してきました。同社は、水素液化機、液化水素運搬船、ローディングシステム、液化水素タンク、液化水素コンテナ、水素ガスタービンなど、幅広い水素インフラ向けの設備に関する製造技術を持っています。(今村、2022：64-65)

　産業・家庭用ガスの商社かつメーカーである**岩谷産業**は、水素のトップサプライヤーです。中でも液化水素に関しては、国内で唯一のサプライヤーであり、製造・貯蔵・輸送・供給といった液化水素インフラの関連技術やハンドリングにおいて豊富なノウハウを蓄積しています。また同社は燃料電池自動車の普及を後押しするために、水素ステーションの建設や運営も行っています。(今村、2022：65)

５－５　生物多様性
（１）　現状と課題

　私たちの地球には、目に見えない細菌からゾウのような大きなものまで、3000万種類もの生き物がいると言われています。すべての生き物は長い歴史の中、異なる環境下で自分たちの居場所を見つけながら、共に進化してきました。アリもハトも、ライオンもヒトも、タンポポも柿の木も、バクテリアも、それぞれの個性を認め合い、お互いにつながり、直接的・間接的に支え合ってきたからこそ、私たちはいま存在しているのです。このことを生物多様性と呼びます。(環境省、2023)

　「多様性」には３つのレベルがあると言われています。森林や里地里山などの「生態系」、動植物から微生物などのさまざまな「種」、そして「遺伝子」の３つです。生態系にある木は花や実をつけ、これらはやがて枯れて地面に落ちます。落ちたものは生き物のエサになり、その生き物のフンが木の栄養となって、また生態系に戻ります。いのちは巡るのです。１本の木は自立しているのではなく、他の生き物とお互いに支え合いながら生きています。木々がなくなってしまうと、それらの木々によって生態系を守っていた他の動植物も、生きていけなくなってしまいます。(環境省、2023)

　私たち人間もきれいな水や空気、食料や薬の原料をはじめ、様々な生物多様性

の恵みを受け取っています。毎日の食事や医療、文化、産業のどれをとっても、自然の恵みがなければ成り立ちません。でも近年、日本では生物多様性が危ないと叫ばれています。原因は、大きく分けて、「開発や乱獲で種が減ったり絶滅の危機が迫ったりしていること」、「里地里山などの手入れが不足して自然の質が低下していること」、「外来種などの持ち込みにより生態系が乱れていること」、「気候変動など地球環境が変化していること」の4つです。そのせいで、日本の野生動植物の約3割が絶滅しようとしているのです。（環境省、2023）

（2）企業の取り組み

　住友林業の社有林においては「生物多様性保全に関する基本方針」として、保護地域の適正管理や森林の連続性配慮による「生態系の多様性」、希少動植物の保護による「種の多様性」、個体数の維持による「遺伝的多様性」の3つを掲げています。これらの方針のもと、樹木の成長量などの一定基準に沿って森林を適切に区分・管理しています。また、絶滅危惧種リストや水辺林管理マニュアルの整備、皆伐や作業道開設時の希少種のチェックにも取り組んでいます。同社では、社有林内に生息する可能性がある絶滅が危惧される動植物のリスト「住友林業レッドデータブック」を作成し、山林管理に従事する社員及び請負事業者に配布しています。施業時にデータブック記載の動植物を確認した場合には、専門家の意見を参考に適切に対処しています。現在の最新版ブックを用いながら、生物多様性を重視した施業を引き続き進めていきます。また、多様な生物が生息する水辺では、「水辺林管理マニュアル」を作成して、適切な管理と保全に努めています（住友林業 HP「国内社有林・海外植林地の生物多様性保全」より）。

　国内製紙業界1位の**王子ホールディングス**のグループは、1910年代より森林資源のサステナビリティを重視し、現在も森林資源をサステナブル・ビジネスモデルの核と位置付け、持続可能な森林経営を行っています。現在、同社グループが保有・管理する植林事業地は日本国内だけでなく、海外6ヶ国10地域に広がっています。その内訳は、環境保全に配慮しつつ木材生産を主目的とした生産林が約45万 ha、生物多様性や流域保全を主目的とした環境保全林が約13万 ha の合計58万 ha です。また、「環境・経済・社会」に配慮しながら適切な森林経営を行うために、森林認証制度を活用し、2020年度の森林認証取得率は海外植林地で

91%、国内社有林で100%になります（王子ホールディングス HP「サステナブルな森林資源」より）。

（3）参考情報

　環境省の「生物多様性ビジネス貢献プロジェクト」というサイトでは、ビジネス活動を通じて生物多様性の保全に貢献している事例を紹介しています。
https://www.biodic.go.jp/biodiversity/private_participation/business/

5－6　感染症対策
（1）　現状と課題

　新型コロナウイルス感染症（COVID-19）の流行拡大は、世界各国での対応を要する重大な危機となりましたが、地球の長い歴史において感染症は幾度となく流行を繰り返し、我々人類を苦しめてきました。感染症とはウイルス、細菌、真菌などの病原体が体内に侵入することで引き起こされる病気を指します（森・高橋、2020：1）。

　感染症拡大をもたらす要因として、第1に「生態系の変化」があります。農地開発や森林伐採、ダム建設、灌漑整備といった開発は、自然の生態系を変化させるとともに、人間と野生動物との接触機会を増加させ、感染症拡大の最も重要な要素となってきたと考えられています。感染症の要因の一つとして、野生動物由来のウイルスや細菌などによる感染があり、実に感染症の 3 分の 2 が動物由来と言われています。第2に「人間社会の変化」です。人間の行動と感染症の関係については、例えば性的接触、ドラッグの使用、野生食肉の慣習なども病原菌やウイルスとの接触機会の増加要因として考えられます。人口が都市部に集中し、人やモノが国境を越えて地球規模で高速移動するといった現代社会の進展そのものが感染症拡大の下地となっています。第3に「不衛生な環境」や「不十分な医療知識」が、感染症の拡大を助長している点が挙げられます。例えば、水や食物を介して感染する細菌性下痢症は、上下水道などの生活インフラが整備された先進国ではその流行はあまり見られないものの、南アジア、アフリカ、南アメリカなどの地域においては、劣悪な生活インフラにより媒介されたコレラ菌やサルモネラ菌を原因とする感染症が未だに多くみられます。（森・高橋、2020：1-4）

（2）企業の取り組み

　プロ用の洗浄・消毒剤をメインとする医薬品メーカーである**サラヤ**では、「衛生」「環境」「健康」という3つのキーワードを事業の柱とし、より豊かで実りある地球社会の実現を目指しています。1952年に創業し、日本で初めて薬用手洗い石けん液と石けん液容器を開発・事業化しました。戦後間もない日本で赤痢などの伝染病が多発する中、同社の液体石けんは多くの人の感染予防に貢献し、それ以来、アルコール手指消毒剤、タッチフリー型ディスペンサーの開発など、製品の進化で日本の衛生環境の向上を牽引しています。一方、開発途上国に目を向けると、現在、世界では1日約16,000人 もの5歳未満の子どもたちが命を失い、その原因の多くは予防可能な病気です。石けんを使って正しく手を洗うことで、下痢性疾患や肺炎を予防し、100万人もの子どもたちの命が守られると言われています。そこで同社が2010年にスタートしたのが「100万人の手洗いプロジェクト」です。対象となる衛生商品の売り上げの1% を寄付し、アフリカ・ウガンダで展開するユニセフ手洗い促進活動を支援しています。活動は、ウガンダ現地での手洗い設備の建設だけでなく、子どもたちへの教育や自主的な衛生活動の支援、母親への啓発活動、現地メディアでの手洗いキャンペーンの展開など、住民が石けんを使った正しい手洗いを知り、自ら広めていくことを目指して進められています。一方、日本では本ウェブサイトや商品を通じて途上国の衛生問題に対する関心を高め、プロジェクトを広げていきます（サラヤのHPより）。

　コロナ対策として不織布マスクが注目を集めています。厚生労働省の「新型コロナウイルスに関するQ&A（一般の方向け）」（4．マスク・消毒液に関するもの問1）の中でも「一般的なマスクでは、不織布マスクが最も高い効果を持ちます」と記載されています。**日本バイリーン**は1960年の創業以来「人々の生活をより豊かで快適なものとする製品づくり」を使命として、優れた原材料開発技術、多様な不織布製造技術と設備ラインアップ、高度な加工技術を基に、不織布のリーディングカンパニーとして、様々な分野で高機能製品を開発し、世に送り出しています。不織布とは、読んで字のごとく「織らない布状のもの」をいいます。普通布状のものは、織ったり編んだりしてつくります。これに対し不織布は、繊維を一定方向またはランダムに集積して接着樹脂で化学的に結合させたり、機械的

に絡ませたり、圧力をかけた水流で絡ませたり、熱融着繊維で結合させてつくります。

　主力の虫ケア用品をはじめ、入浴剤、オーラルケア用品、ペット用品、園芸用品などの生活用品を展開する**アース製薬**は創業以来、商品を通して虫に関する悩みを解決してきましたが、近年は「感染症トータルケアカンパニー」を掲げて活動しています。同社は虫媒介感染症を予防する商品を提案する企業として、「感染症に立ち向かう」という考え方に立ち返り、より広いフィールドでその使命を果たしていく意向を持っています。虫ケア用品に並ぶ収益の柱として、日用品のマーケットを育ててきましたが、新型コロナウイルス感染症を背景として、同社が得意とする「除菌」や「消臭」といった分野において新たな取り組みを始めています。成長分野として注力しているのが、日本発の革新的な酸化制御技術「MA-Tシステム®」（以下 MA-T）です。この技術で作った除菌剤は、ウイルスや菌がある時だけ反応して不活性化させることができます。99.9%が水でできているので口に触れるものにも安心して使え、効果の持続性も高く、医療・ライフサイエンス分野、食品衛生分野、農薬・林業分野、エネルギー分野など広範に応用可能です。2020 年には、MA-T の開発に長年携わってきたエースネット、MA-T のメカニズムを解明した大阪大学発ベンチャー・ドットアクアと 3 社間包括業務提携を結び、MA-T の社会実装を加速させるべく産官学連携やオープンイノベーションを推進しており、同年日本 MA-T 工業会も設立しました（川端：2022）。

5－7　災害・防災

（1）　災害大国

　四季があり、世界が羨む美しい自然を持つ日本の国土は、一方で地形・地質・気象等の特性により災害に対し脆弱で、極めて厳しい自然条件にあります。例えば、細長い国土の中に 2000m を超える山々が連なり、国土の 70%を占めるといわれるこれらの山岳地帯は崩落しやすい地質等で構成されています。そこから流れ出る河川は急勾配で洪水を起こしやすいです。また降雨は梅雨時期から台風期に集中し、更に東京をはじめとするほとんどの大都市は河川の氾濫区域に存在し、その多くが軟弱地盤の上にあります。加えて世界のマグニチュード 6 超の地震の約 2 割は日本で発生し、活火山の約 1 割が日本に集中しています。このような「脆

弱国土」である日本は更なる危機を迎えようとしています。今後 30 年の間に約
70%の確率で発生するとされている南海トラフ地震と首都直下地震です。南海ト
ラフにおいて想定される最大クラスの地震では、太平洋沿岸の広範囲において強
い揺れが発生し、巨大な津波が短時間で沿岸に襲来し、最大で死者は約 32 万人、
経済的な被害は約 220 兆円にのぼり、交通インフラの途絶や沿岸の都市機能の麻
痺等の深刻な事態も想定されています。また首都直下地震では、首都圏全域に強
い揺れが発生し、最大で死者は約 2 万 3 千人、被害額は約 96 兆円になるなど、
甚大な被害の発生が予想されています。このような災害が起これば、経済の機能
は麻痺し、国家的危機に陥ることは必至です。脆弱な国土を有する日本において、
河川、道路、海岸、港湾など多岐にわたるインフラを最大限活用し、自然災害の
脅威から国民の命と暮らしを守ることが求められています（国土交通省 HP「自然
の脅威を乗り越え、豊かな社会経済活動の礎を築く」より）。

（2）　減災・防災対策

　豪雨による洪水や土砂災害、地震、津波、高潮、火山噴火など、あらゆる自然
災害から国民の命、財産を確実に守るためには、ハード対策により被害を未然に
防止することが重要です。官民一体となった流域全体での治水対策が進められて
います。また住宅や多数の人が利用する建築物の耐震化が求められています（国
土交通省 HP「自然の脅威を乗り越え、豊かな社会経済活動の礎を築く」より）。
　「過去最大の雨量を観測」というニュースが、全国から毎年のように聞こえて
きます。激甚化する自然災害をハード対策だけで防ぎ切ることはできません。被
害を最小限におさえるため、避難体制の構築やまちづくりとの連携などのソフト
対策も重要です。また高性能の気象レーダーを活用し、瞬時に洪水予測を地域住
民へ連絡する仕組みづくりなど、ICT を活用した新たな対策を行われています(国
土交通省 HP「自然の脅威を乗り越え、豊かな社会経済活動の礎を築く」より）。

（3）　企業の取り組み

　建設コンサルタント業界で No.1 の企業である**日本工営**は、防災分野において
国土の保全、住民の安心・安全を守るために国や県および市町村の事業に取り組
んでいます。地すべり対策事業、河川事業、道路事業を主な対象に地すべり・急

傾斜、ダム貯水池の斜面安定、道路防災等に取り組んでいます。特に近年では、高齢化社会を迎える中で、気候温暖化に伴う局地的な異常豪雨や大規模地震（阪神大震災、中越地震、岩手宮城内陸地震）が多発しており、これら災害に対して安全管理を踏まえ応急対策や地域振興を念頭にした恒久対策に対応しています（日本工営ＨＰ「防災」より）。

　防災のパイオニアである**能美防災**は大正 13 年の創業以来、自動火災報知設備や消火設備をはじめとする各種防災システムを通じて社会の安全に貢献しています。オフィスビル、アメニティ空間、プラント、トンネル、文化財、船舶、住宅など、私たちの暮らしに欠かすことのできない各種施設へ、最適な防災システムを提供しています（能美防災 HP「事業内容」より）。

　我が国で最初の火災報知機メーカーとして 1918 年に創立された**ホーチキ**は、「人々に安全を」「社会に価値を」「企業をとりまく人々に幸福を」を経営理念として掲げ、日本の火災防災業界をリードしてきました。製品やシステムの研究開発・製造から販売・施工・メンテナンスに至るまで、一貫して火災防災ソリューションの提供に取り組んでいます。現在、防災事業で培った技術・ノウハウを核に、セキュリティや情報通信の分野へと裾野を広げ、火災防災とセキュリティの総合メーカーとして、更なる安全・安心、快適・利便の提供に取り組んでいます（ホーチキ HP「社長メッセージ」より）。

　大規模な首都直下地震が発生する確率が起きる可能性が高く、また、気候変動によって地震のみならず台風や豪雨なども規模が大きくなっており、様々な災害への備えが重要です。時間が経つほどに価値が増す「経年優化」の思想を掲げる**三井不動産**とそのグループでは、防災において「地域防災」を大切にしています。地域住民やビル利用者など街で暮らし・働く方々と一体となって行う防災訓練や、東京消防庁と連携した訓練の実施など、街全体の繋がりを大切にした防災力の強化を行っています。特に最近では、リモートワークやシェアオフィスの活用が増えたことで、会社のオフィス単位ではなく、ビルや地域全体での防災対策の重要性は増しています。同社グループでは、あらゆる災害に対して経済活動と生活の持続性（サステナビリティ）と安心・安全を提供する「生活の場」づくりを行っています。（三井不動産、2022）

5-8　脱プラスチック

（1）　現状と課題

　プラスチックの語源はギリシャ語の「プラスティコス（plastikos）」です。「形づくることができる」という言う意味を持つこの言葉は、プラスチックの特性をわかりやすく示しています。石油から製造されるプラスチックは、熱や圧力を加えることで人々が思い描く形に加工できます。更に軽量かつ丈夫なプラスチックは様々な工業製品に使用され、私たちの生活を豊かにしてくれます。しかし、その一方で深刻な環境問題を引き起こしているのも事実です。（日本財団ジャーナル編集部、2022）

　環境省の令和元年版『環境白書・循環型社会白書・生物多様性白書』によると、1950年以降に世界で生産されたプラスチックは83億トンを超え、63億トンがごみとして廃棄され、そのうち回収されたプラスチックごみの 79 パーセントが埋め立て、あるいは海へ投棄されています。毎年約800万トンのプラスチックごみが海に流出し、このままのペースでは、2050年には海の中のプラスチックごみの重量が魚の重量を超えると試算されています。そんな海や海岸に漂流・漂着するプラスチックごみの 7〜8 割は、街で出たものが水路や川を伝って流出したものです。ポイ捨てなどマナーやモラルの問題だけでは解決できないことも明らかになっています。（日本財団ジャーナル編集部、2022）

　プラスチックごみは、海の生物たちの命を脅かすだけでなく、その豊かな自然で成り立っている漁業・養殖業や観光業にも大きな打撃を与えています。経済協力開発機構（OECD）の調べによると、世界で年間130億ドル（1兆4,300億円）もの経済的損失が発生していると言われています。人工的に作り出されたプラスチックごみは、自然界で完全に分解されるまでには数百年以上と途方もない時間が掛かります。また一度流出したプラスチックごみは、紫外線による劣化や波の作用などにより破砕され、やがてマイクロプラスチックと呼ばれる5ミリメートル以下の小さな粒子となります。それが海の生物たちに取り込まれることでの生態系への影響や、それを食する人体への影響も懸念されています。（日本財団ジャーナル編集部、2022）

（2）企業の取り組み

　花王は 2019 年に独自の ESG 戦略「Kirei Lifestyle Plan」を発表しました。心豊かで、思いやりに満ちた暮らしである「Kirei Lifestyle」を実現するため、「快適な暮らしを自分らしく送るために」「思いやりのある選択を社会のために」「よりすこやかな地球のために」を 3 本柱に、生活者の目線に立った 19 の重点取り組みテーマを設定しています。社会課題の 1 つであるプラスチックごみ問題については、プラごみを減らす「リデュースイノベーション」と、プラごみを資源に変える「リサイクルイノベーション」を両輪とした様々なアプローチを通じて、プラスチック循環社会の実現を目指しています。更に、製品を発売して終わりにせず、原料から製品の廃棄（処理）まで一貫して取り組む「NEW バーティカルインテグレーション」、商品設計の段階から ESG 視点を盛り込む「ESG 設計」といった技術革新も推進しています。同社では、他社や自治体などとの外部連携も推し進めています（日経 ESG：2022）。

　ハビエル・ゴジェネーチェ氏が 2009 年に立ち上げたサステナブルファッションブランド「ECOALF（エコアルフ）」は、「Because there is no planet B（第 2 の地球はないのだから）」を合言葉に、すべてのアイテムを再生素材や環境負荷の低い天然素材のみで製造して販売しています。ファッション産業による環境汚染が指摘されているなかで、ペットボトル・タイヤ・漁網などを独自技術でリサイクルし、これまで 300 種類以上の生地を開発して新製品をつくり出しています。三陽商会が 2020 年 3 月からに日本での展開を開始しています。「地球環境を守るために服をつくる」新発想のブランドで、「UPCYCLING THE OCEANS（UTO）」というプロジェクトも推進しています。海洋ごみ回収とリサイクル素材活用推進のために、スペインに本拠を置くエコアルフ社とエコアルフ財団が 2015 年から同国を拠点に始めたプロジェクト。地中海の漁師・漁業組合の協力により、漁業で引き上げられた海洋ごみからペットボトルを回収・分別・再生し、繊維に変えて新製品をつくり出しています。2015 年から 2020 年までに地中海の港で 1 万人以上の漁師の協力を得て、約 600 トンの海洋ごみを回収してきました。2020 年から 2021 年にかけて、イタリアとギリシャの港も「UTO SPAIN」に加わり、現在は地中海全域の港を網羅した活動となっている。2017 年にはタイで「UTO THAILAND」を、2020 年には日本で「UTO JAPAN」を立ち上げました（廣瀬、

2021)。

　豊かな自然環境なしに、豊かな表現はありません。**三菱鉛筆**では、次世代の文化を育む「表現革新カンパニー」としての責任を胸に、環境保全と企業活動の調和に取り組んでいます。同社は、「使用済み」のプラスチック製ペンの「水平リサイクル」実証プロジェクトを 2022 年 10 月より開始しました。同プロジェクトの「水平リサイクル」とは、使い終わったプラスチック製品から再び同じ用途のプラスチック製品を作る活動です。プラスチック製品の廃棄削減と同時に、化石燃料の新たな調達を抑制することで高い CO2 削減効果を得ることを目的としています。より単純な用途の製品にリサイクルする「ダウンリサイクル」と比べ、より高い持続可能性が期待される一方で、実現の難度が格段に高く、筆記具メーカーとしては先進的な取り組みとなります。（三菱鉛筆、2022）

　廃棄プラスチック問題に端を発した環境配慮への関心が高まる中、循環型社会（サーキュラーエコノミー）への取り組みは各国で急速に進んでいます。**三井物産プラスチック**は、課題解決の 1 つの解として注目されているバイオマス領域も含めたより幅広いソリューションをブランドオーナーや自治体を中心に市場に対して提供することで、環境問題に対する取り組みをより一層強化しています。同社は 2021 年 3 月に**バイオマスレジンホールディングス**と国内外での同社製造樹脂販売に関する業務提携契約を締結し、ライスレジン®の取り扱いを開始しました。ライスレジン®は、日本の「お米(非食用)」由来の国産バイオマスプラスチックであり、食用に適さない古米、米菓メーカーなどで発生する破砕米など、飼料としても処理されず通常は廃棄されてしまう非食用米を独自の技術でアップサイクルしたものや、休耕田、耕作放棄地等を活用して生産した資源米などをプラスチック製品として使用できるように製造されたものです。ライスレジン®の用途は、寝具/クッション材、パレット、各種包装資材、カトラリー、台所用品、雑貨向け等、用途が拡がっています。（三井物産プラスチック、2021、2023）

５−９　貧困

（１）現状と課題

　貧困には２つの捉え方があります。生命を維持することも困難な「絶対的貧困」と周囲の平均的な生活レベルに満たない「相対的貧困」です。「絶対的貧困」は開

発途上国に多く見られます。衣食住が十分でないばかりか、医療や教育といった
サービスも十分に機能していません。国そのものが貧しく、国民への援助もでき
ないことが多いのです。一方、「相対的貧困」は先進国に多く、所得がその国の中
央値に足りておらず、何とか生活はできるものの、娯楽や子どもの学校外教育な
どに充てるお金がないという状態です。（ALTMEDIA 編集部 a）

　世界銀行では 1 日の生活費 1.9 ドル以下を「国際貧困ライン」として、絶対的
貧困を定義しています。2015 年の統計によると、世界では約 10 人に 1 人が 1.9
ドル以下の金額で暮らしているとされています。世界人口の約 10％が絶対的貧困
の状態にあるのです。同調査では「絶対的貧困」の 85％が、南アジア地域とサブ
サハラ・アフリカ（アフリカでサハラ砂漠より南の地域）地域に集中していると
されています。2020 年にユニセフが発表した世界銀行との共同分析では、極度の
貧困状態にある人の半数が 18 歳以下の子どもであるいう結果が出ています。数
にすると約 3 億 5600 万人です。実際、開発途上国では 5 歳未満の子どもの約 20％
が、「絶対的貧困」の家庭で暮らしているという報告もあります。世界の総人口の
約 1/3 が子どもであることと照らし合わせると、生活力や体力で劣る子どもは大
人よりも貧困状態に陥りやすいといえるでしょう。（ALTMEDIA 編集部 a）

　日本では、見て明らかな「絶対的貧困」より「相対的貧困」が多いとされてい
ます。相対的貧困とは、国や地域の生活水準と比較して貧しい状態です。目安と
して、年間の所得が等価可処分所得の中央値（貧困線）に満たない場合に「相対
的貧困状態にある」とされます。相対的貧困は、一見すると分かりにくく「見え
ない貧困」とも呼ばれ、対策や支援が急がれているのが現状です。日本の相対的
貧困率は、世界から見ても深刻なレベルです。OECD（経済開発協力機構）加盟
国の中でも貧困率が高く、G7（先進 7 カ国：日本、アメリカ、ドイツ、イギリス、
イタリア、フランス、カナダ）の中では、アメリカに次ぐ高さです。相対的貧困
率は子どもの貧困率につながります。OECD の統計では、日本の貧困状態にある
子どもの割合は、OECD の基準よりも高いという結果になりました。
（ALTMEDIA 編集部 b）

（２）　企業の取り組み
　ガーナでは離乳食を与える生後 6 ヶ月前後の栄養不足が原因で、発育不良や高

い死亡率に悩まされてきました。そこで**味の素**は 2009 年にガーナ共和国で乳幼児の栄養不足を改善するアミノ酸入りサプリメント「KOKO Plus」の製造・開発・販売をはじめました。2016 年から本格的に生産・販売を開始し、低身長や貧血の予防に効果があるとして提供が拡大しています。また 2015 年からは、マラウイ共和国で栄養失調が原因で低身長・死亡する子供を助けるために、新たな栄養治療食（RUTF）を生産する取り組みが行われています。2015 年から栄養効果の試験がはじまっていて、早期の事業化に向けて開発が進んでいます（MIRASUS、2021）。

　ジモティーは月間約 1,000 万人に利用されている、様々な情報を都道府県別や市区町村別ごとに一覧化した WEB 掲示板サービスです。「売ります・あげます」という情報欄では、大型家具・家電の譲渡などご近所同士による個人間の地域性の高いものの譲り合いが行われることが特徴です。2018 年の調査では、日本のひとり親 142 万世帯に対して、ジモティーは 46%（65 万世帯）の利用率があると言われています。同社では「ひとり親家庭応援キャンペーン」を随時開催しており での募集によって、一般の方から多くの支援物品の提供があり、その提供に対して、ひとり親世帯からもたくさんの応募があります（ジモティー、2018）。

５－１０　ジェンダー平等

（１）現状と課題

　世界経済フォーラムが 2024 年 6 月、「The Global Gender Gap Report 2024」を公表し、その中で、各国における男女格差を測るジェンダー・ギャップ指数（Gender Gap Index：GGI）を発表しました。この指数は、「経済」「教育」「健康」「政治」の４つの分野のデータから作成され、0 が完全不平等、1 が完全平等を示しています。2024 年の日本の総合スコアは 0.663、順位は 146 か国中 118 位（前回は 146 か国中 125 位）でした。過去最低であった 2023 年より順位は上がり、スコアもやや改善しました。しかしＧ７（主要 7 か国）では引き続き最下位、アジアでもフィリピン（25 位）、シンガポール（48 位）、ベトナム（72 位）、タイ（74 位）、韓国（94 位）、中国（106 位）の後塵を拝しています（竹山、2024）。

　日本は、「健康」の順位は 146 か国中 58 位（前回は 59 位）、「教育」の順位は146 か国中 72 位（前回は 47 位）、と比較的上位である一方、「経済」及び「政治」

における順位が低くなっており、「経済」の順位は 146 か国中 120 位（前回は 123 位）、「政治」の順位は 146 か国中 113 位（前回は 138 位）となっています（竹山、2023）

　「経済」分野で象徴的なのが、女性管理職比率の低さです。政府が掲げた、指導的地位に占める女性の割合を 2020 年までに 30％にするという目標が未達に終わり、「20 年代の可能な限り早期に」という曖昧な形で先送りされています（大内、2020：78）。

（２）女性が活躍する会社

　働く女性のキャリアとライフスタイルを応援する女性誌『日経 WOMAN』（発行：日経 BP）と日本経済新聞社グループの「日経ウーマノミクス・プロジェクト」は、「企業の女性活用度調査」を実施し、2024 年版「女性が活躍する会社 BEST100」をまとめました。479 社から得た回答を基に、『日経 WOMAN』2024 年 6 月号誌上にて総合ランキング BEST100 を発表しました。「働きがい」と「働きやすさ」という 2 つの観点から、企業における女性社員活用の実態を①管理職登用度、②女性活躍推進度、③ワークライフバランス度、④人材多様性度の 4 つの指標で測定し採点し、それらの合計得点を偏差値化して総合スコアとし、総合ランキングを作成しました。（『日経 WOMAN』編集部：2024）

　2024 年に総合 1 位になったのは**資生堂**でした。2017 年に女性リーダー育成塾を開講するなど女性社員の人材強化に力を注いでいます。国内資生堂グループの女性管理職比率は初めて 40.0％を達成（2024 年 1 月時点）しました。さらなる上位管理職輩出に向け、選抜型研修や女性役員と女性社員とのメンタリングプログラムなどを実施し、2023 年からは「Shiseido Future University」で次世代を担う経営リーダーの育成に力を注いでいます。（『日経 WOMAN』編集部：2024）

　2 位は**りそなホールディングス**でした。2023 年度の女性ライン管理職比率は 34.5％と 12 年連続で上昇しています。　新任女性部店長、副支店長向けにメンタリング制度を実施するほか、2022 年からは中・大規模店舗の支店長の下で学んだ女性を支店長に登用する「女性支店長トレーニー制度」を導入するなど、女性の役員登用候補者増を目指しています。（『日経 WOMAN』編集部：2024）。

　3 位は**東京海上日動火災保険**でした。2023 年の女性管理職比率は 24.8％でし

た。女性リーダーのさらなる上位階層（部長クラス・役員）の輩出に向け、2020年からメンター制度を導入し、2023年度は対象者を大幅に拡大すると同時に、他社と協同で「クロスメンタリング」を実施しました（『日経 WOMAN』編集部：2024）。

図表5－4　女性が活躍する会社

順位	企業名	総合スコア
1位	資生堂	79.14
2位	りそなホールディングス	75.70
3位	東京海上日動火災保険	75.65
4位	パソナグループ	75.58
5位	アフラック生命保険	74.86
6位	日本航空	74.18
7位	EY Japan	73.53
8位	ゆうちょ銀行	73.40
9位	住友生命保険	73.33
10位	髙島屋	73.03

図表5－5　女性が活躍する会社（部門別）①

【管理職登用度】部門		【女性活躍推進度】部門	
1位	資生堂	1位	イオン、大和証券グループ、
2位	日本航空		東日本電信電話
3位	りそなホールディングス	4位	東京海上日動火災保険、
4位	日本IBM	4位	セブン＆アイ・ホールディングス、
5位	ファイザー	4位	アクサ生命保険、
－	---	4位	第一生命ホールディングス、
－	---	4位	三菱UFJ銀行、西日本電信電話

図表 5 － 6　女性が活躍する会社（部門別）②

【ワークライフバランス度】部門		【人材多様性度】部門	
1 位	日本生命保険	1 位	三越伊勢丹
2 位	住友生命保険	2 位	資生堂
3 位	三井住友銀行	2 位	東京海上日動火災保険
4 位	第一生命ホールディングス	4 位	アフラック生命保険
5 位	明治安田生命保険	5 位	三菱 UFJ 銀行

出典:『日経 WOMAN』編集部、2024 年、「2024 年版「女性が活躍する会社 BEST100」

　　総合ランキング 1 位、資生堂が 3 年連続」、日経 BP

　　https://www.nikkeibp.co.jp/atcl/newsrelease/corp/20240507/

　　（アクセス日:2024 年 5 月 27 日）

（3）なでしこ銘柄

　なでしこ銘柄は、東京証券取引所の上場企業の中から、女性が働き続けるための環境整備を含め、女性人材の活用を積極的に進めている企業を紹介するものです。東京証券取引所は、経済産業省と共同で女性活躍推進に優れた上場会社を毎年「なでしこ銘柄」として選定しています。12 回目の選定となる 2023 年度は 27社が選定されました。また、今回の選定から新たに、「共働き・共育てを可能にする男女問わない両立支援」が特に優れた上場企業を「Next なでしこ　共働き・共育て支援企業」として合計 16 社が選定されました（東京証券取引所、2024）。

図表 5 − 7　2023 年度「なでしこ銘柄」選定企業

業種	選定企業
食品	味の素 アサヒグループホールディングス
エネルギー資源	出光興産
建設・資材	LIXIL
素材・化学	資生堂 コーセー
医薬品	中外製薬 エーザイ
自動車・輸送機	アイシン
鉄鋼・非鉄	住友電気工業
機械	技研製作所 小松製作所
電機・精密	オムロン
情報通信	ＳＣＳＫ
サービスその他	パーソルホールディングス
電気・ガス	東京ガス 大阪ガス
運輸・物流	商船三井 日本郵船
商社・卸売	伊藤忠商事
小売	丸井グループ マクドナルドホールディングス
銀行	ゆうちょ銀行 山陰合同銀行
金融（除く銀行）	大和証券グループ本社 第一生命ホールディングス
不動産	三井不動産

図表5-8　2023 年度「Next なでしこ　共働き・共育て支援企業」選定企業

業種	選定企業
サービスその他	大日本印刷
金融（除く金融）	かんぽ生命保険 野村ホールディングス
銀行	しずおかフィナンシャルグループ コンコルディア・フィナンシャルグループ
建設・資材	日本ガイシ
商社・卸売	住友商事
情報通信	富士ソフト ＴＯＰＰＡＮホールディングス
食品	サッポロホールディングス 明治ホールディングス
素材・化学	きもと ＤＩＣ
電機・精密	シスメックス テルモ
不動産	大東建託

出典：日本取引所グループ、2024 年、「令和 5 年度「なでしこ銘柄」「Next なでしこ

　共働き・共育て支援企業」の公表について」

　https://www.jpx.co.jp/corporate/news/news-releases/1120/20240321-01.html

（アクセス日：2024 年 4 月 14 日）

５-１１　食品ロス

（１）　現状と課題

　食品ロスとは、本来食べられるのに捨てられてしまう食品を言います。食べ物を捨てることはもったいないことで、環境にも悪い影響を与えます。日本では本来食べられるのに捨てられる食品の量は年間 522 万 t になっています（2020 年度推計値）。日本人 1 人当たりの食品ロス量は 1 年で約 41kg になります。これは日

本人 1 人当たりが毎日お茶碗一杯分のご飯を捨てているのと近い量になります。食品ロスは大きく分けると、事業活動を伴って発生する食品ロス「事業系食品ロス」と各家庭から発生する食品ロス「家庭系食品ロス」に分けられます。522 万 t のうち事業系食品ロスは 275 万 t、家庭系食品ロスは 247 万 t となっています(農林水産省)。

　食品ロスを減らすためには、家で食品ロスが出ないようにするだけでなくて、食べ物を買うお店、食べるお店でも食品ロスを減らすことを意識することが大切です。例えば、食べ物を買うお店や食べるお店では、奥から商品をとらずに、陳列されている賞味期限の順番に買ったり、包装資材(段ボール)ごと買う場合に、段ボールにちょっとのキズ・汚れがあっても、中身が問題なければそのまま買ったり、賞味期限の近い値引き商品を買ったり、食べきれる分量を注文して、食べ残しを出さなかったり、1 人ひとりのちょっとした行動が食品ロスを減らすことにつながります。こうした行動は、広い目でみれば、食料資源の有効利用や地球温暖化の抑制につながり、皆の生活を守ることにもつながります(農林水産省)。

（２）　企業の取り組み

　主に加工食品や水産品を取り扱う**ニチレイ**では、自社の冷凍技術を活かして食品の「長期保存」「品質保持」「食材の再現性」を目指し、食品ロス削減に取り組んでいます。肉や魚、野菜などを新鮮な状態で冷凍することは、食材そのもののおいしさを落とさずに長期保存が可能になります。他にも、期限切れによる廃棄リスクを抑えたり、需要変動に対応しやすくなったりと、食品生産における無駄を減らすことで、食品ロス削減を目指しています(りょう、2022)。

　チョコやビスケット菓子メーカー大手である**江崎グリコ**は「Glico グループ環境ビジョン 2050」を策定しており、4 つのビジョンの 1 つに「食品廃棄物の削減」を掲げています。2050 年までにサプライチェーンの効率化や需給予測精度の向上等、廃棄が発生しない取り組みに注力するほか、商品の微細な欠け等、品質に問題がない商品を不揃い品としてアウトレット販売を行う等により、食品廃棄物を 2015 年比 95%削減することを目指しています。製造工程での廃棄物の削減に注力するとともに、需給予測の精度向上による過剰在庫を持たない仕組みを通じて、食品廃棄物の削減に取り組んでいます。またいちご狩りの中止により、余剰とな

ってしまったいちごの活用について相談を受けた同社では、消費されなかったいちごを使用した「カプリコミニ大袋＜いちご狩り＞」を開発し販売したことで生産者の食品ロス削減に貢献しました。保存食（ビスコ保存缶・カレー職人）の賞味期限が切れる前にメールで知らせるサービスも提供し、いざという時に必要な保存食を、賞味期限が切れる前に消費するよう促しています（丸末：2022）。

　通常の流通ルートで販売することが難しい食料品を買い取り、消費者に低価格で販売するサイト「Kuradashi」を運営する**クラダシ**は、少しの傷やパッケージに破れがある「わけあり品」や、食品業界全体に根強く残る「3分の1ルール」という商慣習の影響で食品の製造日から賞味期限までを3分割し、メーカーは製造日から3分の1の時点までに小売店に納入する商習慣ゆえに納品・販売できなった商品などを買取り、低価格で消費者に販売する「三方良し」のビジネスモデルを展開しています。すなわち、利用者は安く購入でき、商品を提供する協賛企業は廃棄コストを低減しイメージアップできるメリットがあります。サービスを利用すること自体が食品ロスにつながるだけでなく、購入金額の一部が社会貢献団体に寄付されます（圓岡：2022）。

5－12　プラントベースフード
（1）　現状と課題
　プラントベースフードは、動物性原材料ではなく、植物由来の原材料を使用した食品のことを指します。これまでに、大豆や小麦などから「肉」「卵」「ミルク」「バター」「チーズ」などの代替となる加工食品が製造・販売され、畜産物や水産物に似せて作られていることが特徴です（大豆ミート研究所、2022）。

　プラントベースフードが注目される理由は3つあります。第1に消費者の嗜好が多様化してきたことです。日本においても徐々に、肉などの動物性食品に偏った食事を見直し、野菜や大豆を中心にする和食本来の魅力が詰まった食事を選択する消費者が増えきています。第2に宗教上・健康上の理由で食事が制限されている人々がいることです。ヒンドゥー教では牛肉を食べられませんし、イスラム教では豚肉を食べません。彼らは、脂やだし汁にいたっても、その戒律を厳格に守っています。また甲殻アレルギーでエビやカニを食べられない人々などは常に食事に制約がかけられています。プラントベースフードの普及によって、これら

の人々が安心して食事を楽しむことができるようになります。第3に人口増加に伴う動物性たんぱく質の供給不足です。肉や魚は有限な資源で供給量に限界がある一方で、国連は地球の人口が 2050 年までに 97 億人にまで達するという報告書を発表しています。プラントベースフードはそれらの代替品としても注目され、これは国連が掲げる SDGs の「持続可能な社会」の形成にも関与し、サステナブルな食文化として注目を集めています（大豆ミート研究所、2022）。

（2）　企業の取り組み

　パソナグループ、カゴメ、**不二製油グループ本社**は、その他 12 社と連携し、植物性食品を取り入れた 新しいライフスタイルの普及・啓発と植物性食品の活用を通じた 持続可能な社会の実現を目的に、任意団体『Plant Based Lifestyle Lab』を 2021 年 3 月 1 日(月)に設立しました。2021 年 10 月には一般社団法人となり、2022 年 1 月現在 40 社の企業が参加しています。一般社団法人 Plant Based Lifestyle Lab では、植物性食品を取り入れた新しいライフスタイルの普及・啓発と植物性食品の活用を通じた持続可能な社会の実現を目指し、活動しています（Plant Based Lifestyle Lab の HP より）。

　「ボンカレー」などで有名な**大塚食品**は世界中で注目されているプラントベースフードの「ゼロミート」など時代に先駆けた製品開発を通じて生活者や社会が抱える課題の解決に取り組んでいます。「ゼロミート」は直面する健康問題・食料問題・環境負荷など様々な社会課題の解決を目指して開発され、動物性原材料を使用せず、植物由来の素材のおいしさを引き出したプラントベースフードです。お肉の代わりに大豆を使用し、食べ応えはあるのにとってもヘルシーです（大塚食品 HP「事業内容」より）。

5－13　地方創生
（1）　現状と課題

　地方創生とは、少子高齢化の進展に的確に対応し、人口の減少に歯止めをかけると共に、東京圏への人口の過度の集中を是正し、それぞれの地域で住みよい環境を確保して、将来にわたって活力ある日本社会を維持していくことを目指すものです（北陸財務局）。

　地方創生に向け政府一体となって取り組むため、2014 年９月、「まち・ひと・しごと創生法」を制定し、内閣に「まち・ひと・しごと創生本部」（本部長：内閣総理大臣）が設置されました。同年 12 月には、2060 年に１億人程度の人口を維持するなどの中長期的な展望を示した「まち・ひと・しごと創生長期ビジョン（以下、「長期ビジョン」という。）」と、これを実現するための５か年の目標や施策の基本的方向及び具体的な施策をまとめた第１期の「まち・ひと・しごと創生総合戦略（以下、「総合戦略」という。）」が策定されました。現在は、2020 年度を初年度とする第２期「総合戦略」がスタートしています（北陸財務局）。

　人口減少を克服し、将来にわたって成長力を確保し、「活力ある日本社会」を維持するため、

　　　「稼ぐ地域をつくるとともに、安心して働けるようにする」

　　　「地方とのつながりを築き、地方への新しいひとの流れをつくる」

　　　「結婚・出産・子育ての希望をかなえる」

　　　「ひとが集う、安心して暮らすことができる魅力的な地域をつくる」

　という４つの基本目標と

　　　「多様な人材の活躍を推進する」

　　　「新しい時代の流れを力にする」

　という２つの横断的な目標に向けた政策を進めています。

（２）　企業の取り組み

　「無印良品」を展開する**良品計画**は、2021 年の発表した中期経営計画の中で、2030 年にあるべき姿として「日常生活の基本を担う」や「地域への土着化」を掲げました。無印良品といえば、統一感のあるデザインや商品性が魅力で、全国どこでも同じ「MUJI」の世界を体験できることが強みですが、「地域への土着化」では、地域独自の活動を自ら発案し、行動していくことを目指しています。同社は地域活性化のため、道の駅への出店や廃校となった学校の活用といった取り組みも既に行っています。地元自治体などとも協力をしながら、小規模商圏にもアプローチをしていく計画です。地域ごとの多様なライフスタイルにも注目しています。コロナ禍で遠距離移動が制限されたことで地元の魅力を再発見する機運が高まっていることも背景に、地元産の生鮮食品に品ぞろえ強化し、また、地元企

業と共同での商品開発も推進しています。従来の店舗をコミュニティーセンターとして地域の交流の場とすることも企図しています（森岡：2022）。

　オンラインショッピング、旅行予約、金融、通信、メディアなど幅広いサービスを持つ**楽天**は、自治体と協働し、それぞれのデータを活用して、地域課題解決を目指しています。同社グループの事業は、E コマースを軸に、金融、通信、物流、メディア、農業支援から IoT、AI 活用に至るまで、幅広い領域に広がっています。地域への貢献は 1997 年の創業時から変わらないミッションであり、それまで全国的な販路を持たなかった地域を拠点とする事業者の方々が、EC を通じて販路を拡大することを支援しています。近年では、自治体との協働事例が積みあがっています。観光・ふるさと納税・産品購買や、デジタルマーケティングによる消費拡大や将来的な移住に向けた関係人口の創出など様々な分野で連携が進んでいます（野原：2020）。

　空き家問題が年々深刻化していますが、不動産情報サイト「LIFULL HOME'S（ライフル　ホームズ）」を運営する **LIFULL** は、空き家問題にも早くから取り組み、2017 年 9 月から「LIFULL HOME'S 空き家バンク」を提供しています。これは、全国の空き家や空き地の情報を一括して検索できるサイトで、国土交通省のモデル事業に採択されました。LIFULL のサイトは、各自治体が個別に公開している空き地・空き家の情報を一元化してユーザーに提供し、物件の利活用を促進する狙いです。自治体に対しては物件の情報を登録、編集、公開するシステムを無償提供しています。空き家でカフェなどのビジネスを支援する仕組みや「空き家の相談員」の人材育成にも取り組んでいます。地方移住マッチングサービスの「LOCAL MATCH」も 2021 年 5 月にリリースしました（板垣：2022）。

5－14　女性の健康
（1）　現状と課題

　女性は月経周期や、思春期、成熟期、更年期、老年期と、そのホルモン変動によって大きく心身の状態が揺さぶられるほか、結婚や育児などのライフイベントによっても、生活や環境が大きく変化します。それに伴う健康問題は、月経不順や月経痛、月経前症候群（PMS＝Premenstrual Syndrome）、頭痛、不安、動悸やめまいや不眠、うつやイライラ、冷え、乳房痛や下腹痛、摂食障害など、明ら

かに(生活の質（QOL= Quality of Life)の低下をともなう、心身の失調を起こしやすい特徴があります。しかし、このような女性の心身の特徴、月経や閉経などのホルモンの変動、生活環境や、仕事やライフスタイルなど、個人としてのあり方を考慮せずに、臓器別に均一の診療をしてきたのがこれまでの女性医療でした(対馬、2016)。

　これからの女性の医療や保健制度は予防やライフスタイル中心の制度に発展させる必要性があります。教育や情報提供、相談、検診、メンタルヘルス、緩和ケア、女性のエンパワーメント（生きる力を養い暴力や不合理に負けないための支援をすること）をする医療・保健・支援センターが地域に配置されることが必要です。ひとりひとりの健康=well-being を目的とし、既存の医療や福祉と連携し、地域の人たちと協力しあうことによって、その地域やニーズに合った、新しい医療・保健システムが構築できることが期待されています（対馬、2016)。

（２）　企業の取り組み
　カラダメディカと丸紅、ならびにエムティーアイは、2021 年 7 月に業務提携し、働く女性の健康課題改善をサポートする法人向けフェムテック（女性（Female)と技術（Technology）を組み合わせた造語で女性が抱える健康課題をテクノロジーで解決するもの）サービスの開発・提供を行ってきました。2022 年 3 月からはサービス名を『ルナルナ オフィス』に改め、企業へ提供しています。働く女性の健康課題を改善し、誰もが働きやすい社会の実現を目指すために 2022 年 7 月に新会社 LIFEM （ライフェム）を設立しました。各社のフェムテックの知見・ノウハウを活用し連携を強めることで、働く女性の健康課題改善を企業が支援する体制の構築を推進し、誰もが働きやすい社会を実現するリーディングカンパニーとなることを目指しています（カラダメディア・丸紅・エムティーアイ：2022)。

　Ｚホールディングスでは、2014 年 4 月に女性従業員のための健康支援として「女性の健康支援プロジェクト」を発足しました。「女性相談員」の育成や各種セミナー・勉強会の開催など、女性の心身に関する問題を気軽に学べ、相談できる体制を整えています。具体的には、「女性のがん」「女性ホルモン」「レジリエンス」「男性学」「ライフキャリアデザインシートの書き方ワークショップ」「ウォーキング体験会」「オンラインランチ会」「女性の身体と生涯にわたる健康課題」など、

外部講師による社内セミナーやイベントの開催、女性の健康週間にあわせた啓発活動の実施、女性の健康支援プロジェクトの推進、乳がん検診費用の会社補助、全年齢の女性を対象に婦人科検診費用の会社補助などを行っています。(ウェルネス医療情報センター、2022)

　本章では改めて社会的な課題を概観し、そうした社会的な課題に取り組む企業を紹介しました。次章では、ビジネスの手法を用いて地域や社会が抱える課題の解決を目指すソーシャル・ビジネスを行う企業を紹介します。

【参考文献】

ALTMEDIA 編集部、2022 年 a、「世界の貧困問題の現状とは？貧困の原因や取り組みの例を
　　紹介」、ALT MEDIA

　　https://media.nippon-donation.org/621/ （アクセス日：2024 年 4 月 28 日）

ALTMEDIA 編集部、2022 年 b、「貧困は日本にもある？知っておきたい現状と私たちにできること」、
　　ALT MEDIA

　　https://media.nippon-donation.org/635/ （アクセス日：2024 年 4 月 28 日）

板垣聡旨、2022 年、「空き家問題、移住希望者いるのに解決せぬ根本理由」、東洋経済オンライン
　　https://toyokeizai.net/articles/-/609938 （アクセス日：2024 年 4 月 28 日）

今村雅人、2020 年、『最新水素エネルギーの仕組みと動向がよ～くわかる本』、秀和システム

今村雅人、2022 年、『最新再生可能エネルギーの仕組みと動向がよ～くわかる本』、秀和システム

ウェルネス医療情報センター、2022 年、「女性の健康課題　施策例
　　【2022 年：健康経営銘柄、健康経営優良法人選定企業】」

　　https://mic.wellness.co.jp/COLUMN/c32（アクセス日：2024 年 4 月 28 日）

王子ホールディングス、「サステナブルな森林資源」

　　https://ojiholdings.disclosure.site/ja/themes/132/ （アクセス日：2024 年 4 月 28 日）

大内章子、2020 年、「女性の管理職昇進―それは企業の本気の人材育成あってこそ」、
　　『日本労働研究雑誌』No.722、労働政策研究・研修機構

　　https://www.jil.go.jp/institute/zassi/backnumber/2020/09/pdf/078-088.pdf

（アクセス日：2024 年 4 月 28 日）

大塚食品、「事業内容」

　　https://www.otsukafoods.co.jp/company/business/

（アクセス日：2024 年 4 月 28 日）

岡武志・加藤裕子、2022 年、「創業以来磨き続けるパワーエレクトロニクスと高効率のパワー半導体
　　で実現する省エネ・脱炭素」、『脱炭素投資入門』、P.52-53、日本経済新聞出版

カラダメディア・丸紅・エムティーアイ、2022 年、「カラダメディカ、丸紅、エムティーアイが新会社
　　「LIFEM（ライフェム）」を設立　女性の健康課題を企業が支援し、誰もが働きやすい社会へ」

　　https://www.marubeni.com/jp/news/2022/release/00047.html

（アクセス日：2024 年 4 月 28 日）

川端克宜、2022 年、「アース製薬代表取締役社長 CEO 兼グループ各社取締役会長・川端克宜

さんの本棚　読書をコミュニケーションの手がかりに」、好書好日

　　https://book.asahi.com/article/14650725 （アクセス日：2024 年 4 月 28 日）

環境エネルギー政策研究所、2022 年、

　　「国内の 2021 年度の自然エネルギー電力の割合と導入状況（速報）」

　　　https://www.isep.or.jp/archives/library/14041

　　（アクセス日：2024 年 4 月 28 日）

環境省、「生物多様性ビジネス　貢献プロジェクト」

　　https://www.biodic.go.jp/biodiversity/private_participation/business/kigyou/

　　（アクセス日：2024 年 4 月 13 日）

環境省、2023 年、「生物多様性とはなにか？」、『エコジン』2023 年 10 月 19 日

　https://www.env.go.jp/guide/info/ecojin/oecmsites/20230719.html

　　（アクセス日：2024 年 5 月 2 日）

気候変動適応情報プラットフォーム、「熱中症対策への新たな期待－「深部体温」に着目した

　　「ポカリスエットアイススラリー」の開発」

　　https://adaptation-platform.nies.go.jp/private_sector/database/opportunities/report_055.html

　　（アクセス日：2024 年 4 月 28 日）

気候変動適応情報プラットフォーム、

　　「局所的気象観測ソリューションの提供による安全安心な社会の実現」

　　https://adaptation-platform.nies.go.jp/private_sector/database/opportunities/report_043.html

　　（アクセス日：2024 年 4 月 28 日）

気候変動適応情報プラットフォーム、

　　「工場、倉庫、店舗、病院向け「災害対策判断支援サービス」」、

　　https://adaptation-platform.nies.go.jp/private_sector/database/opportunities/report_113.html

　　（アクセス日：2024 年 4 月 28 日）

厚生労働省、「新型コロナウイルスに関する Q&A（一般の方向け）」

　　https://www.mhlw.go.jp/stf/seisakunitsuite/bunya/kenkou_iryou/dengue_fever_qa_00001.html

　　（アクセス日：2024 年 4 月 28 日）

国土交通省、「自然の脅威を乗り越え、豊かな社会経済活動の礎を築く」

　　https://www.mlit.go.jp/saiyojoho/manifesto/manifesto10.html

　　（アクセス日：2024 年 4 月 28 日）

小林俊介、2022 年、「環境性能を追求するモノづくりで培った技術力　世界に先駆けて 2035 年 CN 実現を目指す」、『脱炭素投資入門』、P.50-51、日本経済新聞出版

サラヤ、「100 万人のプロジェクト　プロジェクト概要」

https://tearai.jp/project/ （アクセス日：2024 年 4 月 28 日）

GS ユアサ、「自然の力を有効に使うために。」

https://www.gs-yuasa.com/jp/company/solvingsocietalissues/renewableenergy/

（アクセス日：2024 年 4 月 28 日）

ジモティー、2018 年、「ひとり親家庭の約半数（65 万世帯）が利用している、「ジモティー」で行った支援結果」

https://prtimes.jp/main/html/rd/p/000000003.000006029.html

（アクセス日：2024 年 4 月 28 日）

対馬ルリ子、2016 年、「女性医療の現状と課題」、ヘルスケアラボ

https://w-health.jp/introduction/problems/ （アクセス日：2024 年 4 月 28 日）

住友林業、「国内社有林・海外植林地の生物多様性保全」

https://sfc.jp/information/sustainability/environment/biodiversity/inforest.html

（アクセス日：2024 年 4 月 28 日）

スペースシップアース編集部、2024 年、「気候変動の原因とは？　現状や日本・地球に及ぼす影響と対策をわかりやすく解説」、エレビスタ株式会社

https://spaceshipearth.jp/climate_change/（アクセス日：2024 年 7 月 5 日）

圓岡志麻、2022 年、「フードロス大国」を変えるか　クラダシの事業モデル」、日経 BizGate

https://bizgate.nikkei.co.jp/article/DGXZQOCD168UH016112022000000/

（アクセス日：2024 年 4 月 28 日）

大豆ミート研究所、2022 年、「プラントベースフードとは？　ベジタリアン・ヴィーガンとの違い」、大塚食品

https://www.otsukafoods.co.jp/soymeatlabo/article/what_is_plant_based_food.php

（アクセス日：2024 年 4 月 28 日）

ダイヤモンド編集部、2021 年、「脱炭素「強制シフト」」、『週刊ダイヤモンド』2021 年 2 月 20 日号、P.44-49、ダイヤモンド社

竹山栄太郎、2024 年、「日本、2024 年は世界 118 位で低迷続く　政治・経済に課題日本」、SDGs ACTION!

https://www.asahi.com/sdgs/article/15301822 　（アクセス日：2024 年 6 月 21 日）

脱炭素ポータル編集部、2022 年、「脱炭素社会とは？」2022 年 3 月 24 日、

　https://carbonzero.jp/what/（アクセス日：2024 年 4 月 28 日）

男女共同参画室、2022 年、「令和3年度「なでしこ銘柄」について」、

　『男女共同参画』2022 年 6 月号、P.12、内閣府

　　https://www.gender.go.jp/public/kyodosankaku/2022/202206/pdf/202206.pdf

　（アクセス日：2024 年 4 月 28 日）

東京ガス、「東京ガスグループの再生可能エネルギー」

　https://www.tokyo-gas.co.jp/renewableenergy/index.html#:~:text=

　（アクセス日：2024 年 4 月 28 日）

日経 ESG、2022 年、「花王、プラスチック循環社会の地平を開く」

　https://project.nikkeibp.co.jp/ESG/atcl/column/00007/032400051/

　（アクセス日：2024 年 4 月 28 日）

日本財団ジャーナル編集部、2022 年、「日本人のプラごみ廃棄量は世界 2 位。国内外で加速する

　「脱プラスチック」の動き」、日本財団

　https://www.nippon-foundation.or.jp/journal/2022/79985/sustainable

　（アクセス日：2024 年 4 月 28 日）

日本取引所グループ、2024 年、「令和 5 年度「なでしこ銘柄」「Next なでしこ

　共働き・共育て支援企業」の公表について」

　　https://www.jpx.co.jp/corporate/news/news-releases/1120/20240321-01.html

　　（アクセス日：2024 年 4 月 14 日）

能美防災、「事業内容」

　https://www.nohmi.co.jp/about_nohmi/006.html 　（アクセス日：2024 年 4 月 28 日）

野原彰人、2020 年、「楽天、創業時から変わらぬ地域への貢献　データ活用で地域に革命を」、

　事業構想

　https://www.projectdesign.jp/202006/shift-of-local-revitalization/007860.php

　（アクセス日：2024 年 4 月 28 日）

廣瀬優香、2021 年、「エコアルフ、海洋ごみのペットボトルからつくるスニーカーシリーズより

　新作 8 型を発売」、Circular Economy Hub

　　https://cehub.jp/news/ecoalf-uto-sneaker/ 　（アクセス日：2024 年 4 月 28 日）

Plant Based Lifestyle Lab、https://pbl-lab.net/ （アクセス日：2024 年 4 月 28 日）

ホーチキ、「社長メッセージ」

　https://www.hochiki.co.jp/corporation/message/ （アクセス日：2024 年 4 月 28 日）

丸末彩加、2022 年、「見た目は悪くても味は美味しい不揃い商品。江崎グリコの食品ロスへの

　取り組み事例」、あすてな

　https://earthsustainability.jp/economy/2111/ （アクセス日：2024 年 4 月 28 日）

三井物産プラスチック、2021 年、「株式会社バイオマスレジンホールディングスとの業務提携」

　https://www.mitsui-plastics.com/news/149/

　（アクセス日：2024 年 4 月 28 日）

三井物産プラスチック、2023 年、「国内初、ライスレジン®製パレットの導入が決定しました」

　https://www.mitsui-plastics.com/news/775/

　（アクセス日：2024 年 4 月 28 日）

三井不動産、2022 年、「三井不動産の「経年優化」の街づくりと地域防災への取り組み」

　https://digitalpr.jp/r_detail.php?release_id=55962

　（アクセス日：2024 年 5 月 2 日）

三菱鉛筆、2022 年、「使用済みのプラスチック製ペンの「水平リサイクル」実証プロジェクトを開始」

　https://www.mpuni.co.jp/company/press/20221011-52872.html

　（アクセス日：2024 年 4 月 28 日）

MIRASUS、2021 年、「味の素グループの SDGs に対する取り組み 4 事例をご紹介！」、

　https://mirasus.jp/case/1021 （アクセス日：2024 年 4 月 28 日）

森友理・髙橋済、2020 年、「感染症の歴史～感染拡大要因と社会経済に与える影響～」、

　財務総合政策研究所

　https://www.mof.go.jp/pri/publication/research_paper_staff_report/staff07.pdf

　（アクセス日：2024 年 4 月 28 日）

森岡大地、2022 年、「無印の切り札「地域事業部制」“草分け”のキーパーソンが語る真意」、

　日経 BP

　https://business.nikkei.com/atcl/gen/19/00163/121400115/ （アクセス日：2024 年 4 月 28 日）

りょう、2022 年、「食品ロス対策として企業ができることは？事例 10 選」

　https://sdgs-compass.jp/column/1832/ （アクセス日：2024 年 4 月 28 日）

第6章　ソーシャルビジネス

　本章ではソーシャルビジネスを手がける企業などを紹介します。

７－１

（１）　ソーシャルビジネスとは

　ソーシャルビジネスとは、ビジネスの手法を用いて地域や社会が抱える課題の解決を目指す事業活動のことです。事業領域は貧困や経済格差、差別、環境問題、子育て支援、障がい者支援、被災地復興など多岐にわたります。また、ソーシャルビジネスに挑戦する起業家、社会問題をビジネスの力で解決しようとする起業家を「社会起業家」と呼びます。

　全世界で統一されている定義はなく、国によって捉え方はさまざまです。日本においては 2007 年に設置された経済産業省のソーシャルビジネス研究会が下記をソーシャルビジネスの定義として発表しています。

●「社会性」：現在、解決が求められる社会的課題に取り組むことを事業活動のミッションとすること。
※解決すべき社会的課題の内容により、活動範囲に地域性が生じる場合もあるが、地域性の有無はソーシャルビジネスの基準には含めない。
●「事業性」：ミッションをビジネスの形に表し、継続的に事業活動を進めていくこと。
●「革新性」：新しい社会的商品・サービスや、それを提供するための仕組みを開発したり、活用したりすること。また、その活動が社会に広がることを通して、新しい社会的価値を創出すること。

（２）　ソーシャルビジネスと一般的なビジネスとの違い

　近年では一般企業の中にも **SDGs** や社会問題の解決を標榜する企業が増えています。一般企業が「事業活動をおこないながら社会問題に配慮する」のに対して、「社会問題を解決するために事業を興す」のがソーシャルビジネスを展開する企業です。社会問題の解決が事業活動の目的になっているか否かが、一般企業と区別するポイントになります。また、ソーシャルビジネスでは「利益の追求」よりも「社会的課題の解決」を重視する特徴があります。

　一方、**NPO** などの非営利組織やボランティア団体との違いは、寄付金や助成金などの外部資金だけに頼らずに「ビジネスを通して自ら収益を上げること」に重点を置いている点が挙げられます。自ら収益を上げる仕組みをつくることで、継続的な課題解決を目指しているのです（**NPO** の中には、外部資金に頼らない事業型 **NPO** も存在しますが、収益性は低いのが現状です）。

　また、ソーシャルビジネスの担い手の法人形態は、事業目的に合わせて選ばれており、株式会社・合同会社・非営利法人・一般社団法人などさまざまです。

（３）　ソーシャルビジネスが注目される背景

　今、さまざまな国でソーシャルビジネスが注目されています。その背景としては、貧困問題や環境問題、少子高齢化などの社会課題が深刻化していること、そしてグローバル化や **SNS** の普及で、それらの課題が明るみになってきたことが挙げられます。

　日本でも 2015 年に「**SDGs**（持続可能な開発目標）」が採択されたことをきっかけにソーシャルビジネスに対する関心が高まっています。**SDGs** に掲げられているような社会課題の解決には国際機関や政府、自治体だけの取り組みでは間に合わず、民間企業や組織の力が必要だという認識が広がりつつあります。

　また、日本政策金融公庫がソーシャルビジネスに取り組む企業への融資制度「ソーシャルビジネス支援資金」をスタートさせるなど、ソーシャルビジネスを担う企業への支援の輪も広がっています。

（４）　ソーシャルビジネスの現状と課題

　ソーシャルビジネスを展開する企業は社会課題を解決する目的で立ち上げられ

ており、発足時に、一般企業のように「利益を上げられるかどうか」の吟味が十分ではないケースがあります。そのため資金調達や収益性の低さを課題とする企業や団体が少なくありません。2014年の日本政策金融公庫の調査によると、ソーシャルビジネスにおいて「直近1年間の採算が赤字と回答した企業の割合は75％」というデータもあります。

　また「人手不足」もソーシャルビジネスが抱える課題の一つです。ソーシャルビジネスの認知度が低く、応募が集まりにくいことや、売上や利益率の低さから給与面や待遇面で一般企業に見劣りしてしまうことが一因だとされています。

　ソーシャルビジネスは利益追求が重視される一般的な企業よりも社会問題の解決に純粋に取り組めることから「社会をより良くしたい」「社会問題を解決したい」という志を持つ人にとって魅力的な職場です。しかし、事業の発展や継続、資金調達のハードルが高いこと、ソーシャルビジネスの認知度が低いなどの理由で人材が確保できないといった課題も存在することは心に留めておきたい点です。

　働き手にはソーシャルビジネスへの理解はもちろん、その組織が掲げる理念やありたい社会の実現への強い共感が求められます。

　以下に、ソーシャルビジネスを展開している企業などの中で、新卒採用実績のある企業例を紹介します。

７−２　ソーシャルビジネスを展開する企業の事例
（１）　株式会社ボーダレス・ジャパン

　ボーダレス・ジャパンは、「ソーシャルビジネスで世界を変える」ことを目指し、社会起業家が集うプラットフォームカンパニーとして 2007 年 3 月に設立された企業です。日本のみならず世界 13 カ国で 48 の事業を展開、事業領域は貧困・環境・ジェンダー・難民・多文化共生・過疎化・少子化・不登校・介護・障がい者の雇用・夫婦間の問題など多岐にわたります。2022 年度の売上高は 75 億円に及び、その全てが、さまざまな国で手つかずになっていた社会的な問題をビジネスの力を使って解決するソーシャルビジネスとなっています。

　新卒採用・第二新卒採用をおこなっており、応募者には「解決したい社会問題が明確にあること」「社会をよくするために具体的な行動を起こしてきていること」が求められます。未経験から 1 年以内に自分が解決したい社会問題をテーマとした新規事業を立ち上げられる新卒採用プログラム「ジブン事業」を、2022 年から開始しており、事業プランの設計から事業経営までスペシャリストのサポートを受けながら挑戦することが可能です。

　ボーダレス・ジャパンが取り組む社会課題は、SDGs の目標に照らし合わせると下記の例が挙げられます。

（SDGs 1：貧困をなくそう）

　ボーダレス・ジャパンは、ミャンマーやエクアドル、ブルキナファソ、バングラデシュなどの国において雇用創出や、次の世代も貧困を繰り返さないための子どもの教育・就職のサポートをおこなっています。

（SDGs 5：ジェンダー平等を実現しよう）

　ボーダレス・ジャパンは、性別が理由による差別や偏見から生まれるさまざまな社会問題に取り組み、日本のジェンダーギャップの是正を促進します。「性暴力」の問題に取り組むソーシャルビジネスも展開しています。

（SDGs 10：人や国の不平等をなくそう）

　路上ではなくネットカフェなどで不安定な生活をしている「見えない」ホームレス状態の方がいることを課題視し、家や携帯電話のない方向けの求人サイトや入居審査の通らない方向けの賃貸事業を展開しています。

（SDGs 11：住み続けられるまちづくりを）

　大都市に人口が集中するのではなく、地方でも生活サービスを維持でき、地方の特色豊かな産業を発展的に継続させることができるまちづくり・人づくりを自治体とパートナーシップを築きながらおこなっています。

（SDGs 13：気候変動に具体的な対策を）

　CO_2排出量ゼロのハチドリ電力を通して、地球温暖化がこれ以上進まない持続可能な社会を目指しています。

　実際にどのようなソーシャルビジネスがおこなわれているのか、ボーダレス・ジャパンウェブサイト内（https://www.borderless-japan.com/social-business/）で検索し閲覧することができます。

企業名	株式会社ボーダレス・ジャパン
主な事業内容	社会問題の解決を目的とした事業展開 （ハーブティ事業、革製品事業、クラウドファンディング事業、ソーシャルビジネススクール事業　ほか）
勤務地	東京、福岡　ほか
従業員数	1580 名（グループ全体／2024 年 3 月 1 日現在）

（２）　株式会社ユーグレナ

　ユーグレナ社創業のきっかけは、社長の出雲 充氏が学生時代に訪れたバングラデシュで、栄養不足に悩む子どもたちを目の当たりにしたことでした。より多くの人に充分な栄養素を届け、人と地球のサステナブルな発展を実現したいという想いから 2005 年に創業された会社です。

　世界で初めて成功した微細藻類ユーグレナの屋外大量培養を出発点として、「人と地球を健康に」という経営理念のもと、「栄養豊富なユーグレナを使って人を健康にする」「研究を通して明らかになったユーグレナの燃料への活用可能性を進展させ、エネルギー問題の解決を目指す」という 2 つの事業をメインに展開しています。また近年では、フィロソフィーに「Sustainability First（サステナビリ

ティ・ファースト）」を掲げ、複雑多様化するさまざまな社会課題に対してアプローチしています。

　ユーグレナ社は、2014年に東証一部に上場し、現在は東証プライム市場に上場しています。

　ユーグレナ社が取り組む社会課題は、SDGsの目標に照らし合わせると下記の例が挙げられます。

（SDGs 1：貧困をなくそう）

　緑豆栽培事業「緑豆プロジェクト」を通じて、バングラデシュ小規模農家の生計向上支援、およびロヒンギャ難民への食料支援推進をおこなっています。

（SDGs 2：飢餓をゼロに）

　栄養が不足しがちなバングラデシュの子どもたちに栄養豊富なユーグレナクッキーを配布。2014年からスタートし、2022年には配布数1500万食を超えています。

（SDGs 3： すべての人に健康と福祉を）

　ヘルスケア事業では59種類の豊富な栄養素を含む微細藻類ユーグレナをはじめとするさまざまな素材、テクノロジーを駆使してからだの内・外から個々が輝くウェルビーイングをサポートしています。

（SDGs 7：エネルギーをみんなに そしてクリーンに）（SDGs 13：気候変動に具体的な対策を）

　ユーグレナは化石燃料からの脱却を目指して、サステナブルなバイオ燃料を研究・技術開発・供給し、車両や船舶、航空機などでの利用が拡大しています。

（SDGs 17：パートナーシップで目標を達成しよう）

　事業を通したサステナビリティ達成への挑戦と、持続的な事業活動を支えるサステナブル経営を通じて社会課題を克服し、持続可能な社会づくりに貢献します。

企業名	株式会社ユーグレナ
主な事業内容	・ユーグレナなどの微細藻類などの研究開発、生産 ・微細藻類などの食品、化粧品の製造、販売 ・微細藻類などのバイオ燃料技術開発、環境関連技術開発 ・バイオテクノロジー関連ビジネスの事業開発、投資
勤務地	東京、神奈川、福岡、佐賀、沖縄、マレーシア、バングラデシュ
従業員数	1070名（グループ全体／2022年12月現在）

（3）　株式会社 LITALICO

　LITALICO は、2005年に創業し、就労支援や教育サービスを提供する企業です。

　社名の由来は、日本語の利他と利己を組み合わせた造語で、「関わる人と社会の幸せを実現することが、自分たちの幸せにつながる。そんな自分と社会のつながり方を大切にしたい。」という想いがこめられています。LITALICO は「障害は人ではなく、社会の側にある」と考え、ビジョンである「障がいのない社会をつくる」達成のため、障がい者向け就労支援事業や子どもの可能性を拡げる教育事業など、障がい福祉領域において複数の事業を展開しています。

　LITALICO は、東京証券取引所プライム市場に上場し、全国312事業所で事業をおこなっています。

　LITALICO が取り組む社会課題は、SDGs の目標に照らし合わせると下記の例が挙げられます。

（SDGs 8：働きがいも、経済成長も）（SDGs 10：人や国の不平等をなくそう）

　LITALICO ワークスでは、未就労の障がいを持った方向けに、ビジネススキルワークショップや各自が好きと思えるような仕事の斡旋、働いた後のメンタルケアまで含めた就労支援・定着事業を行っています。

　LITALICO 仕事ナビでは、障がいのある方のための求人・転職情報サイト、就職・転職に役立つ情報やアドバイザーへの相談をおこなっています。

　また、LITALICO の従業員は、副業が許可され、定年制の廃止などの多様な働き

方を実現する環境が整っています。

（SDGs 4：質の高い教育をみんなに）

　LITALICO ジュニアでは、発達に遅れのある子ども一人ひとりに合わせた教育・支援の提供をおこなっています。

　LITALICO ワンダーでは、プログラミングやロボット製作などの機会を通して、子どもの創造力を育む教育サービスを提供しています。

　LITALICO 教育ソフトでは、特別支援教育に携わる教員向け支援サービスを提供しています。

企業名	株式会社 LITALICO
主な事業内容	・就労支援事業 ・教育事業 ・インターネット事業 ・ライフプランニング事業
勤務地	日本全国の事業所
従業員数	4601 人（グループ全体　2023 年 9 月時点）

（4）　株式会社ポピンズ

　ポピンズは、「働く女性を　最高水準のエデュケアと介護サービスで支援します」というミッションのもと、祖業であるベビーシッターサービスを起点に、認可・認証・事業所内保育所や学童保育、インターナショナルスクール運営などのナーサリーサービス、高齢者在宅ケアのシルバーケアサービス、保育士や介護士などの研修サービスなどを展開する企業です。

　近年では、新規事業として不妊予防への取り組みや、保育・介護・医療業界へ特化した人材紹介・派遣事業も手がけています。共働きや高齢者、単身世帯などさまざまなライフスタイルを支えると共に、フルラインで切れ目なく働く女性を支援しています。

　ポピンズホールディングスは 2020 年 12 月、東証 1 部に上場しました（現在は東証プライム市場上場）。これは「SDGs-IPO」の国内初の事例といわれています。

「SDGs-IPO」とは SDGs への貢献を最優先した資金調達と活用を目指すもので、ポピンズの場合は調達した資金を保育施設の新設など社会課題の解決につながる事業に限定して使うとされています。

ポピンズの新卒採用は主に「保育士」「保育スタッフ」「栄養士」「学童・児童館スタッフ」職での募集です。保育士資格のない人に対しても無料の保育士試験受験講座などでサポートしています。

ポピンズが取り組む社会課題は、SDGs の目標に照らし合わせると下記の例が挙げられます。

（SDGs 4: 質の高い教育をみんなに）

ポピンズでは、お茶の水女子大学、米国・ハーバード大学など、国内外の大学と幼児教育の研究を重ね、独自の保育プログラム「0 歳からのエデュケア」をまとめ、実践につなげています。また、自グループの従業員のみならず、業界全体の保育士の質を向上させるべく、国や自治体から全国の保育士などの研修を受託し、これまでの実績や研究結果をふまえたプログラムを提供しています。

（SDGs 5: ジェンダー平等を実現しよう）

ポピンズが手がける事業は、女性が切れ目なく仕事を続けるための社会的インフラであり、出産・育児期にある女性の就業率向上に貢献しています。保育士などの採用や、ナニー・ベビーシッターなどの新規登録を通じて年間約 3800 名の女性を雇用し、活躍の場を提供しています。また、グループの子会社取締役会メンバーを含めた女性取締役は 47％、グループ会社全体におけるマネージャー以上の女性管理職は 79％と上場企業の中でも高い女性比率を実現しています。

（SDGs 8: 働きがいも、経済成長も）

慢性的な保育士不足により、保育従事者の「安い・きつい・長い」という処遇問題を解決するべく、ポピンズでは保育士向けの研修やシステムの導入による働き方改善に加え、業界トップレベルの処遇改善に取り組んでいます。また、乳幼児教育のエキスパートを育成し、保育士の社会的地位の向上を目指すため、お茶の水女子大学大学院の中に講座を開講するなど現職保育士のリカレント教育に注力しています。

企業名	株式会社ポピンズ(ポピンズホールディングス)
主な事業内容	（グループ全体） ・子育て支援サービス ・子育て事業コンサルティング ・介護支援サービス ・ポピンズ国際乳幼児教育研究所運営 ・国内／海外研修事業 ・保育のコンサルティング事業 ・ペット支援サービス ・保育園・幼稚園への保育者の派遣・紹介サービス
勤務地	北海道、宮城、長野、新潟、東京、神奈川、千葉、埼玉、茨城、愛知、三重、静岡、大阪、兵庫、滋賀、奈良、愛媛、福岡、大分
従業員数	5685 名（ポピンズホールディングス全体／（2022 年 4 月現在）

（5）　オイシックス・ラ・大地株式会社

　オイシックス・ラ・大地はオーガニック、無添加食品の宅配事業をおこなう会社です。2017 年に「オイシックス」と「大地を守る会」が経営統合し、その翌年、同じく有機野菜などの宅配サービスを手がける「らでぃっしゅぼーや」と経営統合したことで現在の商号となりました。

　企業理念を「これからの食卓、これからの畑」と定め、食に関する社会課題をビジネスの手法で解決することをミッションとしています。同社が取り組む社会課題には「先進国と途上国の格差」「農業従事者の減少」「気候変動」「食品ロス」などが挙げられます。

　畑と食卓の需給データマッチングによる独自のサブスクリプションモデルを国内宅配事業において構築し、ふぞろい・規格外野菜などの販売促進や食材使い切りサービス（ミールキット）、廃棄食材のアップサイクルの商品化を実現したことが評価され、消費者庁による「令和 5 年度食品ロス削減推進表彰」において内閣

府特命担当大臣（消費者及び食品安全）賞を受賞しています。また、フードロスに関する特別授業を小・中学校にておこない、次世代に向けた啓発も強化しています。

　新卒採用活動ではミートアップと呼ばれる会社説明会を定期的に開催。入社後は他部門への異動や新規事業への参画など、自分のキャリアについて個別相談ができる「ORDido（オーディドー）」という制度を設けており、自律的なキャリア形成を支援しています。

　オイシックス・ラ・大地が取り組む社会課題は、SDGs の目標に照らし合わせると下記の例が挙げられます。

（SDGs 2：飢餓をゼロに）

　オイシックス・ラ・大地はフードロスの削減に徹底して取り組んでいます。近年では畑でのフードロスを 300t 削減したほか、流通でのフードロスの割合が一般小売店の 5〜10％に対して、同社では約 0.2％と低い水準を実現しています。

（SDGs 12：つくる責任、つかう責任）

　オイシックス・ラ・大地ではミールキットの外袋および中袋、青果の梱包資材にバイオマス配合資材の導入を開始。パッケージにおけるプラスチック使用量の削減やペットボトルのラベルレス化の導入などを通じて取扱商品の包装を 2021 年度以降 4 年以内に 50％以上環境対応素材へ変更することを目指しています。

（SDGs 13：気候変動に具体的な対策を）

　オイシックス・ラ・大地は会社をあげて脱炭素化社会の実現に取り組んでいます。社内に専門チームをつくり、自社配送車の EV 化を目指したテストや、同社の農業生産において温室効果ガス排出量を 2021 年度以降 4 年以内に半減させることを目標にした取り組みをおこなっています。

（SDGs 10： 人や国の不平等をなくそう）
（SDGs 17：パートナーシップで目標を達成しよう）

　オイシックス・ラ・大地は先進国に住む人たちがヘルシーな認定商品を選ぶことで、自動的に途上国の子どもたちに学校給食を届けられる日本発のプログラム「TABLE FOR TWO」に参画。同社取扱い商品の中の対象商品を購入すると、売上の3％を「TABLE FOR TWO」を通じて、途上国に寄付できる仕組みをつくっています。

企業名	オイシックス・ラ・大地株式会社
主な事業内容	・ウェブサイトやカタログによる一般消費者への有機野菜、特別栽培農産物、無添加加工食品など、安全性に配慮した食品・食材の販売
勤務地	東京
従業員数	2019 名（2023 年 3 月 31 日時点）

（6）　株式会社マザーハウス

　マザーハウスは、「途上国から世界に通用するブランドをつくる」　という理念を掲げ、発展途上国でアパレル製品や雑貨の企画・生産を手がけ、先進国で販売する事業を手がけています。

　生産国はバングラデシュからスタートし、現在はネパール、インドネシア、スリランカ、インド、ミャンマーの 6 カ国に拡大。日本（北海道、宮城、東京、神奈川、千葉、愛知、大阪、京都、兵庫、広島、福岡）および海外（台湾、シンガポール）に販売店舗を構えています。

　バングラデシュではジュートやレザー、ネパールでは上質なカシミヤやシルクなど、その国にあった素材、生産方法を最大限尊重したものづくりをおこなっています。また、給与水準やスキルアップに合わせたポジション、年金・医療保険をはじめとする待遇など現地トップクラスの労働環境を整備しています。

　新卒採用では、全国のマザーハウスで活躍する店舗スタッフを募集しています。マザーハウスは店舗を、生産地とお客さまをつなげ、ブランドの価値や認知拡大をおこなうための場所と捉え、店舗スタッフはお客さまにプロダクトをお届けすることを通し途上国の可能性を広げ、理念を体現していくミッションを担います。

　マザーハウスが取り組む社会課題は、SDGs の目標に照らし合わせると下記の例が挙げられます。

（SDGs 1:貧困をなくそう）

　マザーハウスは発展途上国に自社工場を建設し、現地の職人の技能向上を図りながら魅力的な製品を開発することを通して、途上国の雇用を生み、利益をもた

らしています。

（SDGs 3: すべての人に健康と福祉を）

マザーハウスでは、自然災害で被害を受けた人々や社会的に弱い立場にある子供たちなど、ビジネスアクションでは届かない領域への支援を、お買い物をすることでたまるポイントカード「ソーシャルポイントカード」の資金を活用しておこなっています。

（SDGs 10: 人や国の不平等をなくそう）

マザーハウスでは「心も体も軽くなる、ココカラプロジェクト」を推進し、病気の経験がある方や出産を控えた女性などの声に耳を傾け、「不満や課題」を解決するものづくりをおこなっています。自社工場ならではのきめ細かさを生かして、大量生産では解決することが難しい、本当に必要な方々の小さな声に応えられるプロダクトをつくっています。

（SDGs 12: つくる責任、つかう責任）

マザーハウスでは商品のケアや修理サービスに力を注いでいます。購入後、半年以内に不具合が発生した場合には、無償にて対応。使用後何年も経過した商品でも、できる限りの修理対応をおこなっています。

（SDGs 17: パートナーシップで目標を達成しよう）

マザーハウスブランドに関わる全ての人が笑顔になれるようなコミュニティづくりを推進しています。例えば、現地へのツアーを通じてこれまで延べ 250 名が現地工場を訪問。また生産地工場のスタッフを日本に招待し、イベントをおこなうなどお客様との交流を促進しています。

企業名	株式会社マザーハウス
主な事業内容	・発展途上国におけるアパレル製品及び雑貨の企画・生産・品質指導 ・同商品の先進国における販売
勤務地	全国のマザーハウス店舗 （北海道・宮城・千葉・東京・神奈川・愛知・京都・大阪・兵庫・広島・福岡）

（7）　株式会社 Ridilover／一般社団法人リディラバ

　リディラバは 2009 年に「社会の無関心の打破」を理念に掲げた学生団体としてスタートした会社です。現在は「社会課題をみんなのものに」をスローガンに掲げ、一人ひとりが社会問題に関心を持ち、関わることのできる仕組みづくりを目指しています。

　2009 年から継続し 1 万人以上が参加した、社会課題を学べる「スタディツアー事業」をはじめ、社会課題に取り組むトップランナーとの対話の中から学びを深める「メディア／コミュニティ事業」、社会課題の解決にコミットする「資源投入事業」などを展開しています。

　新卒採用者は「教育旅行チーム」「企業研修チーム」「メディア／コミュニティチーム」「事業開発チーム」などの中から希望や特性に合わせて、適切なポジションに配属されます。通常の新卒採用選考フローの他、インターンや業務委託、プロボノなど何らかの形でリディラバに参画し、適性があると双方に判断した場合に社員として登用される道もあります。

リディラバが取り組む社会課題は、SDGs の目標に照らし合わせると下記の例が挙げられます。

（SDGs 3：すべての人に健康と福祉を）

　リディラバでは誰かの困りごとから問題を発見し、みんなで解決すべき社会課題として早期解決を目指す事業を通じて、人々の健康や幸せに寄与しています。

（SDGs 4：質の高い教育をみんなに）

　リディラバでは、全国約 100 あるツアー先で社会問題の解決を目指す現場に足を運び、問題の当事者や解決のトップランナーと直接関わりながら自分にできるアクションを本気で考える「SDGs／社会問題スタディツアー」を実施しています。

（SDGs 17：パートナーシップで目標を達成しよう）

　リディラバでは、「社会課題解決のための持続可能な事業をいかに生み出すか」をミッションに社会課題の現場と向き合い、事業開発や政策立案をおこなってきた実績を活かして、企業に伴走し、社会課題をテーマにした新規事業の立ち上げを支援する事業を手がけています。

企業名	株式会社 Ridilover／一般社団法人リディラバ
主な事業内容	【株式会社 Ridilover】 ・社会問題を扱うウェブメディア・コミュニティ事業 ・社会問題に関する教育・研修の事業 ・カンファレンス事業 ・教育事業 ・企業・官公庁との協働事業 【一般社団法人リディラバ】 ・スタディツアー事業 ・修学旅行事業 ・ウェブメディアの企画・運営
勤務地	原則リモート勤務もしくは本社東京オフィス
従業員数	40 名（2023 年 3 月現在）

（8）　株式会社大川印刷

　大川印刷は、社会的課題を解決できるソーシャルプリンティングカンパニーとして持続可能な社会の実現をめざして活動している、明治 14 年創業の老舗印刷会社です。本社のある横浜を中心に製薬会社や食品会社、銀行、教育機関、NPO などさまざまな業界の販促ツールの企画・デザイン制作・印刷に携わっています。

　石油系溶剤 0%インキの普及啓発を通じた地球温暖化防止活動が評価され、平成 27 年度「地球温暖化防止活動環境大臣表彰」を受彰。2017 年、持続可能な開発目標（SDGs）を経営方針の中核に定め、ソーシャルプリンティングカンパニーとしての取り組みを強化しました。CO_2ゼロ印刷、エコ用紙、ノン VOC インキ、エコ配送など営業から納品に至るまで、一貫して環境への負荷低減に取り組んでいます。

　大川印刷が取り組む社会課題は、SDGs の目標に照らし合わせると下記の例が挙げられます。

（SDGs 12：つくる責任、つかう責任）

　大川印刷では、印刷事業により排出される年間の温室効果ガス（CO_2）を算定し、その全量をカーボン・オフセット（打ち消し活動）しています。また、配送においてもより環境負荷の少ない電気自動車やディーゼル車を使用し、段ボールケースの回収や処分に伴う廃棄物削減のためにプラスチックコンテナによる納品をおこなっています。

（SDGs 13：気候変動に具体的な対策を）（SDGs 14：海の豊かさを守ろう）（SDGs 15：陸の豊かさも守ろう）

　社会課題の解決を経営理念に据えている大川印刷では「脱炭素コトづくりカンパニーになる」を 2025 年の経営ビジョンに掲げ、2025 年までに、現在のスコープ 3（原材料仕入れや販売後に排出される温室効果ガスの排出量）を 100％削減することを目指しています。

企業名	株式会社大川印刷
主な事業内容	・印刷事業
勤務地	神奈川
従業員数	40 名（2022 年 3 月現在）

【参考文献】

日本政策金融公庫 ソーシャルビジネス・トピックス 第1回 ソーシャルビジネスとは

https://www.jfc.go.jp/n/finance/social/tokushuu01.html（アクセス日：2023年9月6日）

朝日新聞デジタル SDGs ACTION! ソーシャルビジネスとは？特徴や注目の理由、事例、取り組み方を紹介

https://www.asahi.com/sdgs/article/14713065（アクセス日：2023年9月6日）

経済産業省 ソーシャルビジネス

https://www.meti.go.jp/policy/local_economy/sbcb/index.html（アクセス日：2023年9月6日）

経済産業省 ソーシャルビジネス研究会 報告書（案）

https://www.meti.go.jp/shingikai/sankoshin/chiiki_keizai/pdf/009_02_01.pdf（アクセス日：2023年9月6日）

https://www.meti.go.jp/shingikai/sankoshin/chiiki_keizai/pdf/009_02_02.pdf（アクセス日：2023年9月6日）

日本政策金融公庫 ソーシャルビジネスの資金調達の現状について―「社会的問題と事業との関わりに関するアンケート結果」より―

https://www.jfc.go.jp/n/findings/pdf/ronbun1611_02.pdf（アクセス日：2023年9月6日）

日本政策金融公庫 ソーシャルビジネス支援資金

https://www.jfc.go.jp/n/finance/social/yushi.html（アクセス日：2023年9月6日）

株式会社ボーダレス・ジャパン 企業サイト

https://www.borderless-japan.com/（アクセス日：2024年5月2日）

株式会社ボーダレス・ジャパン 採用ページ

https://www.borderless-japan.com/recruit/（アクセス日：2024年5月2日）

株式会社ユーグレナ 企業サイト

https://www.euglena.jp/（アクセス日：2024年5月2日）

株式会社ユーグレナ 採用ページ

https://www.euglena.jp/recruit/（アクセス日：2024年5月2日）

株式会社ユーグレナ Wantedly

https://www.wantedly.com/companies/euglena（アクセス日：2023年9月8日）

株式会社ユーグレナ 2023年12月期第1四半期決算説明資料

https://www.euglena.jp/ir/library/pdf/presentation_2023_1.pdf(アクセス日：2024年5月2日）

株式会社 LITALICO　企業サイト

https://litalico.co.jp/（アクセス日：2024 年 5 月 11 日）

株式会社 LITALICO　新卒採用ページ

https://litalico.co.jp/recruit/recruit_student/（アクセス日：2024 年 5 月 11 日）

株式会社 LITALICO　リクナビ 2025

https://job.rikunabi.com/2025/company/r127320060/（アクセス日：2024 年 5 月 11 日）

株式会社ポピンズ　企業サイト

https://www.poppins.co.jp/（アクセス日：2024 年 5 月 2 日）

株式会社ポピンズ　新卒採用サイト

https://poppins-recruit.com/（アクセス日：2024 年 5 月 2 日）

日本総研 Second Party Opinion: ポピンズホールディングス

https://www.jri.co.jp/MediaLibrary/file/service/special/content22/corner136/pdf/20201116_spo_jri_poppins.pdf（アクセス日：2023 年 8 月 11 日）

日本経済新聞　ポピンズ基本情報

https://www.nikkei.com/nkd/company/gaiyo/?scode=7358（アクセス日：2023 年 8 月 11 日）

オイシックス・ラ・大地株式会社　企業サイト

https://www.oisixradaichi.co.jp/（アクセス日 2024 年 5 月 2 日）

オイシックス・ラ・大地株式会社　採用サイト

https://recruit.oisixradaichi.co.jp/（アクセス日：2024 年 5 月 2 日）

オイシックス・ラ・大地株式会社　Wantedly

https://www.wantedly.com/projects/1068280（アクセス日：2023 年 9 月 11 日）

ココカラアース　オイシックス・ラ・大地が取り組む社会課題解決の方法とは？

https://cococolor-earth.com/interview-yuna-ueda-1/（アクセス日：2023 年 9 月 11 日）

消費者庁　令和5年度食品ロス削減推進表彰　受賞者取組概要

https://www.caa.go.jp/policies/policy/consumer_policy/information/food_loss/efforts/food_loss_award/2023/prizewinner/assets/2023Award_Summary.pdf（アクセス日：2023 年 9 月 11 日）

株式会社マザーハウス　企業サイト

https://www.motherhouse.co.jp/（アクセス日：2023 年 9 月 8 日）

株式会社マザーハウス　採用ページ

https://www.motherhouse.co.jp/pages/recruit（アクセス日：2023 年 9 月 8 日）

月刊「事業構想」オンライン　マザーハウス途上国発のブランドを構築

https://www.projectdesign.jp/202006/sdgs-lecture-digest/007880.php（アクセス日：2023 年 9 月
8 日）

株式会社 Ridilover／一般社団法人リディラバ　企業サイト

https://ridilover.jp/（アクセス日：2024 年 5 月 2 日）

株式会社 Ridilover／一般社団法人リディラバ　採用ページ

https://ridilover.jp/recruit/（アクセス日：2024 年 5 月 2 日）

株式会社 Ridilover　Wantedly

https://www.wantedly.com/companies/company_4219652（アクセス日：2023 年 9 月 8 日）

株式会社大川印刷　企業サイト

https://www.ohkawa-inc.co.jp/（アクセス日：2024 年 5 月 2 日）

株式会社大川印刷　採用ページ

https://www.ohkawa-inc.co.jp/category/recruit/（アクセス日：2024 年 5 月 2 日）

第7章　ＮＰＯ・ＮＧＯ

　これまでの章では、社会的な課題に取り組む民間企業などの事例を見てきましたが、本章では非営利団体について紹介します。

７－１
（1）　現状と課題

　これまで、日本の経済社会は政府や民間企業が中心となる形で発展してきました。しかし、経済のグローバル化や社会課題の複雑化が進む中で、NPO や NGO などが注目を浴び、様々な分野で活動がおこなわれるようになりました。日本において、社会的な使命感や価値観を重視する若者たちにとって、NPO や NGO などの非営利法人への就職は魅力的なキャリア選択肢の一つとなっています。

　ただし、非営利法人は一般的な企業とは異なる運営や資金調達の仕組みを持っており、報酬面や労働環境においては課題が存在する組織も存在します。また、これまでは、民間企業で勤務した経験を活かし、NPO や NGO などに転職するケースが一般的で、新卒で NPO や NGO などに就職する門戸は狭く、よってキャリアモデルが少なく、教育体制が整っていないなどの課題が想定されます。

　以下に、非営利団体の例を紹介します。

（2）　NPO

　NPO（Non-Profit Organization）は、営利を目的とせず、主に社会的な利益や公益を追求するために設立された民間の組織です。NPO は、特定の社会的な課題の解決や改善を目指しています。例えば地域の発展、教育の普及、文化や芸術の促進など、さまざまな目標を持って活動する NPO があります。

NPO は資金の運用や活動の効果を透明かつ責任ある方法で管理することが求められます。そのため NPO 法（特定非営利活動促進法）では、NPO 法人は前事業年度の事業報告書などを作成することが義務づけられており、社員やその他利害関係者から事業報告書などの閲覧請求があった場合には、正当な理由がある場合を除いて、これらの書類を閲覧させなければならないとされています。

（3）　NGO

NGO（Non-Governmental Organization）とは、政府によって運営されていない独立した非営利組織であり、社会的な課題の解決や改善を目指す団体です。その活動は環境保護、人権、教育、医療、貧困削減、災害救援など多岐にわたります。NGO は営利を目的とする組織ではなく、利益を追求しないことが原則です。そのため、収益は主に活動の実施や社会的な目標達成に活用されます。国際 NGOは、グローバルな課題に対処するために国境を越えて活動を展開し、国際連合などの国際機関と協力することもあります。

NPO も NGO も大きな違いはなく、どちらも営利目的でない非政府の民間組織です。外務省によると「日本では、海外の課題に取り組む活動を行う団体を NGO、国内の課題に対して活動する団体を NPO と呼ぶ傾向にある」と説明されています。

（4）　独立行政法人

独立行政法人は国民生活や社会・経済安定などの公共上の見地から確実に実施されることが必要な事務・事業のうち、国が自ら主体となって直接実施する必要はないが民間に委託することは不適切であるものを効率的かつ効果的に実施させることを目的として設立される法人です。

例えばインフラの運営や研究開発など、市場の影響を受けやすい民営化には馴染まない事業が対象となります。広義では国立大学法人も含まれます。

（5）　一般財団法人、公益財団法人

　財団法人は利益追求を許された「一般財団法人」と、公益性を求められる代わりに税制優遇などが受けられる「公益財団法人」にわけられます。

　一般財団法人とは 2008 年 8 月 1 日に施行された新公益法人制度によって、設立が認められるようになった団体です。団体の公益性の有無や活動目的の内容は問われず、一定の財産があれば誰でも設立できます。

　一方、公益財団法人は「公益社団法人及び公益財団法人の認定などに関する法律」に基づいて設立された「公益事業をおこなう法人」です。学術や福祉、文化などの専門知識を活かした社会貢献を目的として活動しており、美術館や林業、動物愛護団体などさまざまな業種があります。

　その他にも、非営利団体の種類はさまざまありますが、いずれも営利を求めず、社会課題にダイレクトに働きかけられる可能性があり、それは働く人にとって魅力的であると言えるでしょう。しかし、前述のように非営利団体で新卒の採用をおこなっている団体は近年増えてきたものの、一部にとどまっています。また、大学のキャリアセンターなどでは、民間企業や自治体(公務員)への就職に比べて、十分な情報や支援が得られないケースがあり、就職活動生が自ら情報を得に行くことが求められます。

　以下に、過去に新卒採用をおこなっている非営利団体の一部を紹介します。

7－2　非営利団体の事例

（1）　国際協力機構（JICA）

　国際協力機構（JICA：Japan International Cooperation Agency）は、日本政府の国際援助(ODA)を推進するために設立された独立行政法人です。1974 年に創立され、開発途上国への国際協力をおこなっています。世界 150 の国・地域に対し教育、保健医療、農業、都市開発、運輸交通、環境保全、資源、エネルギー、金融など、幅広い分野で、日本の経験・技術・知見も活かした課題解決に取り組んでいます。

　JICA 職員は、新卒採用時には、高度な英語力は必ずしも求められてはいませんが、概ね 2～4 年のローテーションで本部、国内機関及び海外に異動して勤務します。海外赴任は必須であり、入職後 1 年以内に TOEIC800 点、3 年以内に 860 点の取得が求められます。開発途上国が抱える目の前の課題を解決するだけでなく、その国の未来を見据えてプロジェクトやプログラムの実施に携わります。活動は多岐にわたっており、SDGs の 17 の目標達成への推進に携わっています。

（SDGs 1:貧困をなくそう）

　JICA は、開発途上国において貧困削減のためのプロジェクトやプログラムを支援しています。これにより、貧困層の人々の生活向上と尊厳を支えています。

（SDGs 3:すべての人に健康と福祉を）

　医療協力や保健支援を通じて、健康と福祉の向上を推進しています。特に、保健基盤の強化や感染症対策などに取り組んでいます。

（SDGs 4: 質の高い教育をみんなに）

　教育分野において、教育インフラ整備や教育の質的向上を支援しています。特に、途上国の子どもたちの教育機会の拡充に取り組んでいます。

（SDGs 5: ジェンダー平等を実現しよう）

　女性のエンパワーメントやジェンダー平等を推進するプロジェクトに取り組んでおり、女性の地位向上を支援しています。

（SDGs 13:気候変動に具体的な対策を）

　気候変動対策や環境保護の取り組みを支援し、再生可能エネルギーの普及や持続可能な農業の推進などに取り組んでいます。

（SDGs 17：パートナーシップで目標を達成しよう）

　国際協力を通じて、国際的な連携とパートナーシップを強化しています。他国の政府や国際機関、民間団体と協力して SDGs の達成に貢献しています。

　実際にどのようなプロジェクトがおこなわれているのか、JICA ウェブサイト内の「ODA 見える化サイト」（https://www.jica.go.jp/oda/）で検索し閲覧することができます。

団体名称	独立行政法人　国際協力機構（JICA）
主な事業内容	・開発途上国への技術協力 ・資金協力 ・国民などの協力活動の促進 ・海外移住者・日系人への支援 ・技術協力のための人材の養成及び確保 ・調査および研究 ・緊急援助のための機材・物資の備蓄・供与 ・国際緊急援助隊の派遣
勤務地	本部（東京）、国内拠点（14 カ所）、海外拠点（96 カ所） アジア、中近東、アフリカ、北・中南米、大洋州、欧州
常勤職員の数	1968 人（2023 年 1 月 1 日時点）
新卒採用予定数	50 人（2024 年度）

（2）　日本赤十字社

　赤十字は、スイス人のアンリー・デュナン（第 1 回ノーベル平和賞受賞者）が提唱した「人の生命を尊重し、苦しみの中にいる者は敵味方の区別なく救う」ことを目的とし、世界 192 の国と地域に広がる赤十字社・赤新月社のネットワークを活かして活動する組織です。世界の赤十字の一員である日本赤十字社は、1877年に創立され、日本国内外で人道的な支援活動を行う認可法人です。災害救援や

医療・福祉活動を通じて、人々の健康と福祉の向上を追求しています。

　日本赤十字社に勤める事務系総合職は、日本国内の本社、支部、病院、血液センター、社会福祉施設で活動します。

　日本赤十字社が取り組む社会課題は、SDGs の目標に照らし合わせると下記の例が挙げられます。

（SDGs 3：すべての人に健康と福祉を）

　日本赤十字社は、医療活動や献血活動を通じて、人々の健康と福祉の向上を支援しています。赤十字病院の運営や献血キャンペーンは、SDGs 3 の目標に貢献しています。

（SDGs 6：安全な水とトイレを世界中に）

　日本赤十字社は災害時の緊急支援において、避難所での水供給や衛生施設の整備を行います。これにより、被災者の健康と生活環境の改善に寄与しています。

（SDGs 11：住み続けられるまちづくりを）

　災害救援や復興支援を通じて、被災地の復興やコミュニティの再建を支援する日本赤十字社は、持続可能なまちづくりに貢献しています。

（SDGs 16：平和と公正をすべての人に）

　国際赤十字・赤新月運動の一翼として、紛争地域や危機地域での人道支援を行います。これにより、紛争被害者への支援と平和の促進に寄与しています。

団体名称	認可法人　日本赤十字社
主な事業内容	・国内災害救護（被災地での医療救護、心のケア、救援物資の配布など） ・救急法などの各種講習の市民への普及活動 ・全国の赤十字病院などの運営 ・国際活動（海外での救援活動、長期的な人道支援など） ・赤十字ボランティアの活動促進 ・血液事業（献血者の募集から医療機関への提供まで） ・看護専門学校などの運営 ・社会福祉施設の運営 ・青少年赤十字（子どもたちへの防災教育など）
勤務地	本社(東京)及び日本全国の支部、病院、血液センター、社会福祉施設
常勤職員の数	67403 人(2023 年 4 月 1 日時点)
新卒採用予定数	51〜100 人(2024 年度)

(3)　日本財団

　日本財団は、公営競技の 1 つである競艇の収益金をもとに 1962 年に創設された公益財団法人です。公益活動に携わる国内外の NPO・ボランティア団体・企業に対して資金面での助成や情報発信などの支援を通して、様々な社会課題の解決に取り組んでいます。世界 117 カ国で事業を展開しており、具体的には、開発途上国への支援や国際協力プロジェクトを通じて持続可能な開発目標の達成に貢献する国際協力事業や、研究やプログラムの支援を通じてイノベーションを促進する事業などをおこなっています。研究者、専門家、企業、NGO などの異なるステークホルダーを結びつけるプラットフォームを提供することで、多様な知識とリソースを結集して社会問題にアプローチしています。

　日本財団が取り組む社会課題は、SDGs の目標に照らし合わせると下記の例が挙げられます。

（SDGs 4：質の高い教育をみんなに）

　学校建築や給付型奨学金による支援などの教育分野での取り組みを通じて、教育の質の向上と平等な機会の提供に寄与しています。

（SDGs 11：住み続けられるまちづくりを）

　防犯活動や被災地復興の支援活動を通して、地域のまちづくりや都市の持続可能な発展に関するプロジェクトを支援しています。

（SDGs 14：海の豊かさを守ろう）

　海の安全保障支援や、海洋開発技術者の育成を通じて海の未来を守る活動をおこなっています。

（SDGs 17：パートナーシップで目標を達成しよう）

　国際フェローシップや文化交流促進、平和構築支援活動を通して、世界の人々の絆づくりに貢献しています。

団体名称	公益財団法人　日本財団
主な事業内容	・子ども支援 ・障害者支援 ・災害復興支援 ・日本伝統文化、芸術振興 ・海洋安全・技術開発支援 ・国際文化交流
勤務地	東京
常勤職員の数	147 名（2023 年 10 月時点）
新卒採用予定数	5 人程度（2024 年度）

（4）　YMCA

　YMCAは 1844 年、ジョージ・ウィリアムズが青少年の成長を願ってロンドンで創設しました。現在では世界 80 の国と地域に広まり、約 6500 万人以上が活動する世界最大規模の非営利団体です。日本では 35 のYMCAが登録され、それら

のＹＭＣＡが運営する財団法人や学校法人などの法人・団体は 62 あります。

　なかでも、東京都を中心に活動する東京ＹＭＣＡは 1880 年に設立され、職業教育、語学教育、健康教育、野外教育、保育事業、国際交流活動など、青少年や地域社会の発展を促進し、健全な人格育成と社会的な共感を養うことを目指しています。

　東京ＹＭＣＡの職員は学校、児童館・学童クラブなど施設で、事務・運営、キャンプ、スポーツ、アート、野外教育プログラムを通して、若者・子どもの能力や社会的なスキルを育む教育に携わります。保育士・幼稚園教諭・教員免許・児童厚生員・社会福祉士などの有資格者は先生として勤務する場合もあります。

　東京ＹＭＣＡが取り組む社会課題は、SDGs の目標に照らし合わせると下記の例が挙げられます。

（SDGs 3：すべての人に健康と福祉を）

　水泳やテニスの自社スポーツセンターの運営、自治体のスポーツ施設を指定管理者として運営、健康づくりのプログラムを提供することにより、人々の健康な生活を促進しています。

（SDGs 4：質の高い教育をみんなに）

　青少年や地域コミュニティの人々に対して教育的なプログラムを提供することで、質の高い教育と平等な機会の促進に取り組んでいます。

（SDGs 10：人や国の不平等をなくそう）

　障がい児へのスポーツ教室、キャンプやグループ活動、放課後デイサービス、発達障がいのある大学生への就職支援など、包括的なサポートを提供することで、障がい者の社会参加の機会を増やし、平等な社会の実現を推進しています。

（SDGs 16：平和と公正をすべての人に）

　平和教育、環境教育、人権教育を通して倫理的な価値観の育成し、国際交流を通じて平和と公正の促進に貢献しています。

（SDGs 17パートナーシップで目標を達成しよう）

　国際的なネットワークを通じて異なる国々との交流を推進しています。異文化理解や国際協力の意識を高めるためのプログラムやイベントを提供し、国際的な視野を持った活動を展開しています。

団体名称	公益財団法人東京YMCA
主な事業内容	・職業教育、学校教育、保育・幼児教育、野外教育 ・障がい児・者の活動支援 ・国際交流支援 ・地域コミュニティ活動 ・宿泊研修施設の運営
勤務地	東京都
常勤教員の数	正職員254名(2024年1月時点)
新卒採用予定数	20人(2024年度)

（5）　日本貿易振興機構

　日本貿易振興機構（JETRO）は、日本の国際的な貿易と投資を促進する独立行政法人です。日本企業のグローバル展開や外国企業の日本進出を支援しています。国内では全都道府県に51カ所、海外では55カ国76カ所（いずれも2021年3月時点）に拠点を持ち、広いネットワークを活かして経済・社会貢献性のある事業を展開しています。具体的な活動内容は下記の5つです。

1. イノベーション創出支援

　付加価値の高い外国企業の誘致や、日本発スタートアップの海外展開支援、オープンイノベーションの促進に取り組んでいます。

2. 農林水産物・食品の輸出促進

　政府目標である輸出5兆円の達成を目指し、海外バイヤーとの商談支援や日本産食品のブランディングに力を入れています。

3. 中堅・中小企業の海外展開支援

　産業を問わず、輸出や進出に意欲のある全国の企業を、ECやデジタルツールを活用してサポートしています。

4. 調査・研究

　広範な海外ネットワークを活かして収集・調査・分析した最新の海外ビジネス情報を、中立的な立場から広く発信しています。

5. 地方創生への貢献

　全都道府県のそれぞれの拠点で、地元の企業に寄り添い、自治体と一体になっ
て海外と地域経済を繋ぐ活動をしています。

　JETRO が取り組む社会課題は、SDGs の目標に照らし合わせると下記の例が挙げ
られます。

（SDGs 8：働きがいも経済成長も）
JETRO は、日本企業の国際展開支援を通じて、経済成長と雇用の創出を促進してい
ます。

（SDGs 9：産業と技術革新の基盤をつくろう）
JETRO は、産業や技術の国際的な協力と交流を通じて、イノベーションと持続可能
な産業の発展を支援しています。

（SDGs 17：パートナーシップで目標を達成しよう）
　JETRO は、国際的なビジネスネットワークの構築や国際協力を通じて、企業と国
際社会のパートナーシップの促進に貢献しています。

団体名称	JETRO　日本貿易振興機構
主な事業内容	・日本企業の海外販路開拓 ・外国企業の対日投資のサポート ・海外市場情報の調査
勤務地	本部（東京）、大阪本部、アジア経済研究所（千葉）、貿易情報センター（国内事務所）48 事務所、海外事務所 55 カ国 76 事務所
常勤教員の数	1923 人（2024 年 4 月 1 日時点）
新卒採用予定数	40 人（2024 年度）

（6）　全国社会福祉協議会

　前身は明治41(1908)年に設立された「中央慈善協会」で、初代会長は実業家として著名な渋沢栄一です。

「社会福祉協議会(社協)」は、社会福祉法に基づきすべての都道府県・市町村に設置されている非営利の民間組織です。地域の福祉推進の中核としての役割を担い、各種の福祉サービスや相談活動、ボランティアや市民活動の支援、共同募金運動への協力などさまざまな活動を行っています。

　全国社会福祉協議会(全社協)は、これら社協の中央組織として、全国各地の社協をはじめさまざまな福祉組織と連携し、日本における社会福祉の増進に努めている組織です。

　都道府県・市区町村社協や社会福祉法人・社会福祉施設、民生委員・児童委員などと協力しながら、児童や高齢者の虐待問題、精神障がい者やホームレスの方の地域生活に向けた支援など、近年問題視されている新たな福祉課題の解決にも取り組んでいます。

　全社協が取り組む社会課題は、SDGsの目標に照らし合わせると下記の例が挙げられます。

（SDGs 1:貧困をなくそう）

　全社協では経済的な課題を抱える方への支援として都道府県社協が実施している生活福祉資金貸付事業の円滑な運営や、介護福祉士修学資金等貸付制度、ひとり親家庭高等職業訓練促進資金貸付事業などの各種貸付制度の実施を支援しています。

（SDGs 3：すべての人に健康と福祉を）

　全社協では、社協活動を推進するとともに全国的に共通する福祉課題に対応するため国への提言や調査研究、広報、人材養成など各種事業を実施し、よりよい福祉制度づくりに向けて取り組んでいます。

（SDGs 11：住み続けられるまちづくりを）

　全社協では地域住民の生活状況や課題などを把握し、援助を必要とする方々への支援活動をおこなう民生委員・児童委員をサポートしています。

団体名称	全国社会福祉協議会
主な事業内容	・地域共生社会の実現に向けた連携・協働の推進 ・福祉のこれからを担う人材の育成 ・福祉の理念に基づく利用者の権利擁護の実現 ・災害福祉支援の強化 ・地域で活動する人びとへの支援 ・民間福祉分野でのアジア各国との交流・支援 ・社会福祉への理解促進に向けた情報発信
勤務地	東京都（霞が関）、神奈川県（葉山町）
職員数	130 名（2023 年 4 月現在）
新卒採用予定数	若干名（過去 3 年実績：5〜8 名／年）

（7）　国際人材協力機構（JITCO）

　公益財団法人 国際人材協力機構（JITCO）は、外国人技能実習生や特定技能外国人などの外国人材の受入れに関する総合支援機関です。開発途上国などに対し、日本で培われた技術・技能・知識を移転することで「人づくり」に貢献する外国人技能実習制度などの円滑な運営をサポートしています。

　本部には、「総務部」の他、各事業を実施する「申請支援部」「国際部」「実習支援部」「講習業務部」があり、地方には、11 の地方駐在事務所を有しています。入職後は、技能実習生や特定技能などの人材の受入れに関するさまざまな申請手続きや取次サービスの提供、各種セミナーの開催運営、お客様からの相談対応などに携わることが可能です。

　JITCO が取り組む社会課題は、SDGs の目標に照らし合わせると下記の例が挙げられます。

（SDGs 4：質の高い教育をみんなに）

　技能実習生や特定技能外国人の受入れには、技能向上のための指導だけでなく、日本語指導や生活指導など、さまざまな育成指導が必要になります。JITCO では、専門スタッフの派遣やセミナーの開催、教材の提供などを通じて、技能実習生や

特定技能外国人の受入れを行う人々の育成全般を支援しています。

（SDGs 10：人や国の不平等をなくそう）

　JITCO は外国人技能実習制度の支援を通じて、開発途上国の人々が日本の技術・技能や知識を学び、母国で活躍できるよう支援しています。

団体名称	国際人材協力機構（JITCO）
主な事業内容	・外国人技能実習生、特定技能外国人などの受入れ支援・手続き支援・送出し支援 ・外国人技能実習生、特定技能外国人などの受入れに関わる企業・団体などの人材育成支援 ・実習生保護支援
勤務地	北海道、宮城、東京、富山、長野、愛知、大阪、広島、香川、愛媛、福岡
職員数	212 名(2023 年 12 月 1 日現在)
新卒採用予定人数	若干名（過去 3 年実績 2〜6 名／年）

（8）　国際交流基金（JF）

　独立行政法人 国際交流基金（JF）は、国際文化交流を専門的に実施する日本で唯一の公的機関です。1972 年に外務省所管の特殊法人として設立され、2003 年 10 月 1 日に独立行政法人となりました。

「文化芸術交流」「海外における日本語教育」「日本研究・国際対話」の 3 分野を中心に、展覧会や国際シンポジウムなどの催しの開催、日本研究者への支援、専門家やアーティストの派遣や招聘など、継続的に日本と世界の人々が交流する機会をつくる活動をおこなっています。

　特徴的なのは、海外のニーズや現場のノウハウを学ぶために全職員が海外勤務を経験する点です。長いキャリアの中では、複数の地域で複数回海外駐在し、海外事務所運営などのマネジメント経験を積むことができます。就職前に語学力や国際経験が少ない場合も、海外 OJT 研修や外国語研修の制度などが用意されてい

ます。

　JF が取り組む社会課題は、SDGs の目標に照らし合わせると下記の例が挙げられます。

（SDGs 4：質の高い教育をみんなに）

　JF ではあらゆる側面から「日本語を学びたい」方への支援をしています。例えば、日本に在留しているウクライナの方々のためにウクライナ語で書かれた日本語教材や動画を提供するなどの支援もおこなっています。

（SDGs 5：ジェンダー平等を実現しよう）

　日米両国におけるジェンダー平等に向けた取り組みに貢献するため、日米両国のビジネスや文化芸術、行政、NPO などの分野で活躍する女性リーダーを対象とするコミュニティを立ち上げ、ディスカッションや相互訪問の機会を提供する取り組みをおこなっています。

（SDGs 17：パートナーシップで目標を達成しよう）

　JF では「日本の友人をふやし、世界との絆をはぐくむ」のミッションのもと、国際対話や協働、交流を通じた人的ネットワークの形成、次世代の人材育成、人物の国際的往来に重点を置きながら、「共創」「共働」「共感」の実現に向けて各事業に取り組んでいます。

団体名称	独立行政法人 国際交流基金
主な事業内容	・文化芸術交流事業 ・海外における日本語教育事業 ・日本研究と国際対話
勤務地	埼玉、東京、京都、大阪、海外
職員数	273 名（2023 年 10 月現在）
新卒採用予定人数	11〜15 名（2024 年度）

（9）　日本学術振興会（JSPS）

　独立行政法人 日本学術振興会（JSPS）は、日本の学術振興を担う資金配分機関（ファンディングエージェンシー）として、学術振興に不可欠な事業を幅広く実施している文部科学省所管の独立行政法人です。

　具体的には「研究助成事業」「人材育成事業」「大学の教育研究機能の向上」「学術国際交流事業」「社会との連携の推進」「研究者の顕彰事業」などを通じて、学術振興を推進しています。

　新卒職員のサポートにも力を入れており、採用前研修・初任者研修・採用6カ月～8カ月後に行われる新人職員研修などが用意されています。新入職者の円滑な職場適応や長期的なキャリア形成、振興会内での人的交流促進を目的としたメンター制度もあります。

　JSPS が取り組む社会課題は、SDGs の目標に照らし合わせると下記の例が挙げられます。

（SDGs 4：質の高い教育をみんなに）

　JSPS はさまざまな学問分野の研究によって創出され、体系化された知識や学びが人類文化の重要な資産として次世代に引き継がれていくように全国の研究者や研究機関を支援しています。

（SDGs 9：産業と技術革新の基盤をつくろう）

　JSPS は学術研究の助成、研究者の養成、学術に関する国際交流の促進、大学改革や大学のグローバル化の支援などを通じて、人文学から社会科学、自然科学などあらゆる分野に関わる産業の研究を進め、技術や能力を伸ばすことに貢献しています。

（SDGs 13：気候変動に具体的な対策を）

　未来社会が直面するであろう諸課題を解決するための研究を支援しています。2023 年度採択の研究テーマには「重層的アクターの協調を生み出す気候変動ガバナンスの構築―低炭素水素事業に着目して」が含まれています。

団体名称	独立行政法人日本学術振興会
主な事業内容	・研究助成事業 ・人材育成事業 ・大学の教育研究機能の向上 ・学術国際交流事業 ・社会との連携の推進 ・研究者の顕彰事業
勤務地	東京
職員数	常勤職員 263 名（2023 年 4 月 1 日現在）
新卒採用予定人数	6〜10 名（2024 年度）

（１０）　国際観光振興機構【日本政府観光局（JNTO）】

　政府観光局とは、主要な市場に海外事務所などを設置し、外国人旅行者の誘致活動を行う政府機関を指します。

　日本政府観光局（JNTO、正式名称：独立行政法人 国際観光振興機構）は、東京オリンピックが開催された 1964 年に日本の政府観光局として産声をあげ、以来50 年間にわたって訪日外国人旅行者の誘致に取り組んできました。JNTO は、世界の主要都市に海外事務所を持ち、日本へのインバウンド・ツーリズム（外国人の訪日旅行）のプロモーションやマーケティングをおこなっています。

　入職後はさまざまな配属先がありますが、まずは本部の事業部門・管理部門で経験を積み、海外事務所勤務を経験するというキャリアパスが一つのモデルケースになっています。

　JNTO は、2021 年 6 月に「SDGs への貢献と持続可能な観光（サステナブル・ツーリズム）の推進に係る取組方針」を策定しました。SDGs に配慮した組織運営やプロモーション活動における環境保全への配慮に取り組むとともに、持続可能性を体現する観光コンテンツの海外向け情報発信、先進事例の国内向け情報提供、「責任ある観光（レスポンシブル・トラベル）」の奨励、ユニバーサル・ツーリズム（誰もが気兼ねなく参加できる旅行）に関する情報発信などを強化しています。

JNTO が取り組む社会課題は、SDGs の目標に照らし合わせると下記の例が挙げられます。

（SDGs 5：ジェンダー平等を実現しよう）

人種や国籍、民族や宗教、ジェンダー、年齢、障がいの有無などに関係なく全ての旅行者が、日本において快適で安全・安心な旅行ができるように、各旅行者の特徴や求められる受入れ体制についての情報を国内のインバウンド関係者に提供していくとともに、食の禁忌などに配慮した飲食店やバリアフリーにかかわる情報の海外向け発信に取り組んでいます。

（SDGs 11：住み続けられるまちづくりを）

旅行者が訪問地の自然や生態系に配慮し、その土地の慣習やマナー、地域・住民の生活などを尊重した行動をとってもらうための啓発活動をおこなっています。

（SDGs 14：海の豊かさを守ろう）（SDGs 15：陸の豊かさも守ろう）

JNTO は環境保全への配慮、その土地に根差したストーリーを有する伝統・文化の継承、地元産品を使った料理や地域生活に密着した体験の機会の提供など、「持続可能性を体現する」観光コンテンツの収集と海外向け情報発信に重点的に取り組み、自然や生物多様性の保全などに貢献しています。

団体名称	独立行政法人 国際観光振興機構
主な事業内容	・外国人観光旅客の来訪促進 ・外国人観光旅客の受入れ対策 ・全国通訳案内士試験の実施に関する事務代行 ・国際観光に関する調査及び研究 ・国際観光に関する出版物の刊行 ・国際会議などの誘致促進、開催の円滑化
勤務地	本部（東京）、海外事務所
職員数	217 名（2023 年 4 月 1 日現在）
採用予定人数	若干名（過去 3 年実績：7〜11 名／年）

（11）　青年海外協力協会（JOCA）

　青年海外協力協会（JOCA）は、開発途上国の人々のために活動してきた青年海外協力隊の帰国隊員を中心に組織されている、1983 年 12 月に発足した内閣府認定の公益社団法人です。「地方創生」「グローバル人材育成」「地域の国際化支援」「国際協力」に力を注いでいます。国籍や年齢、障がいの有無にかかわらず、誰もが共に暮らすことで幸せを実感できる社会を実現したいと考えています。

　例えば「生涯活躍のまちづくり」として、人口減少と高齢化に悩む地域の再生や被災地の復興と創生、地域における担い手不足を解決するための事業継承などを推進しています。また、国際ボランティアへの思いはあるけれども、実現する手段がわからないという人たちをサポートするべく JICA 国際緊急援助隊（JDR）への支援や業務調整員の派遣など、思いのある人たちが途上国へアクセスできるような支援を行っています。

　JOCA が取り組む社会課題は、SDGs の目標に照らし合わせると下記の例が挙げられます。

（SDGs 3：すべての人に健康と福祉を）

　JOCA では少子高齢化や経済規模の縮小など世界に先駆けて日本が直面する課題に向き合い、福祉を中心とした地域づくりを推進しています。

（SDGs 4：質の高い教育をみんなに）

　JOCA ではグローバル人材の育成に力を入れ、若者たちに学びの場を提供しています。コミュニケーション力や課題解決力を高める講義やワークショップをおこなう「世界塾」をはじめ、学校や企業・団体に向けて国際理解や国際協力、多文化共生、SDGs をテーマにした講義や体験セミナーを提供しています。

（SDGs 11：住み続けられるまちづくりを）

　広島県安芸太田町における人口減少と高齢化に悩む中山間地の再生、宮城県岩沼市での東日本大震災からの復興と創生、長野県駒ヶ根市の本部での住民の健康づくりと商店街の活性化などさまざまな地方創生プロジェクトを推進しています。

団体名称	公益社団法人 青年海外協力協会
主な事業内容	・自治体と連携した地方創生事業 ・地域の国際化支援(多文化共生) ・グローバル人材育成 ・国際協力/青年海外協力隊事業支援
勤務地	598 人
職員数	北海道、宮城、東京、神奈川、長野、大阪、鳥取、広島、沖縄
新卒採用予定人数	10 人程度 (過去 3 年実績：5〜6 人／年)

（１２） シルバー人材センター

　高齢化社会において健康で働く意欲のある 60 歳以上の方が知識、経験、技能を活かして社会参加すること、それにより地域社会の活性化を図っていくことを目的とし設立されたのがシルバー人材センターです。民間事業所や一般家庭、官公庁などから有償・受託形式でセンターが引き受けた、臨時的・短期間の仕事を就業希望の会員に提供しています。

　シルバー人材センターは全国の自治体において設立されていますが、ここでは世田谷区にある「世田谷区シルバー人材センター」を例に紹介します。世田谷区シルバー人材センターは、1978 年「世田谷区高齢者事業団」として発足しました。1980 年、本事業が国の施策として全国的に推進されることに伴い「社団法人」となり、2011 年 4 月に「公益社団法人」の認定を受けています。国や東京都、世田谷区からの支援を受けて運営され、世田谷区の高齢者の方々に適任の仕事をお任せしています。

　新卒採用では総合事務職の募集をおこなっており、総務や経理、コーディネート業務（仕事を依頼する企業や団体、一般家庭などと、就業を希望する会員のマッチング業務）などへの配属の可能性があります。

　世田谷区シルバー人材センターが取り組む社会課題は、SDGs の目標に照らし合わせると下記の例が挙げられます。

（SDGs 3：すべての人に健康と福祉を）

　世田谷区シルバー人材センターでは高齢になっても活躍できる就業機会の創出に努め、働く意欲のある 60 歳以上の方の社会参加を促進しています。

（SDGs 8：働きがいも、経済成長も）

　世田谷区シルバー人材センターでは、ボランティアではなく仕事をお任せした会員に対して報酬（配分金）をお支払いすることで、働きがいと収入の両方を実現しています。

（SDGs 11：住み続けられるまちづくりを）

世田谷区や、世田谷区にある企業・団体、世田谷区に住む人々と連携しながら、世田谷区で起きた困りごとを地域の中で解決していく、愛着あるまちづくりを推進しています。

団体名称	公益社団法人　世田谷区シルバー人材センター
主な事業内容	・シルバー人材センターの運営事業
勤務地	東京（世田谷区）
職員数	34 名
新卒採用予定人数	若干名（過去 3 年実績：0〜2 名／年）

（13）　認定特定非営利活動法人　フローレンス

　子ども・子育て・親子領域において全国に福祉・支援活動を広げながら社会課題の解決に向けて取り組む認定 NPO 法人です。2004 年に病児保育事業からスタートし、現在では 10 を超える子育てに関わる事業を展開。具体的には病児保育問題や待機児童問題、障がい児保育・支援問題、赤ちゃん虐待死問題、ひとり親家庭の貧困問題などに力を注いでいます。

　業界の常識や慣習にとらわれず、小規模保育園や訪問型病児保育などの従来の手法やスタイルとは異なる革新的なサービスを先駆けて展開することを強みとしています。また、社会課題が生み出される原因となる社会構造を変えるために「政策提言」をおこない、制度や仕組みを変えてきた実績があります。

新卒採用にも積極的に取り組んでおり、エントリー前に気軽に質問や相談ができるカジュアル面談に申し込むことが可能です。

フローレンスが取り組む社会課題は、SDGs の目標に照らし合わせると下記の例が挙げられます。

（SDGs 1：貧困をなくそう）

フローレンスは、2008 年から寄付を原資に、ひとり親家庭を対象に低価格で病児保育を提供。貧困状態に置かれているひとり親家庭の支援を行っています。

（SDGs 3：すべての人に健康と福祉を）

2017 年に東京都文京区で始めた「こども宅食」では、自治体や企業とタッグを組み、600 以上の経済的に苦しい世帯に食品を届けています。2018 年にこども宅食を全国に広げるべく「こども宅食応援団」を設立。佐賀や長崎など、全国でのこども宅食の立ち上げを支援しています。

（SDGs 8：働きがいも経済成長も）

子育てと仕事の両立可能な社会を目指し、2005 年より自宅訪問型の病児保育を開始。2021 年度には利用会員数 7000 名を超え、病児保育件数は累計 10 万件以上と業界最多を更新しています。

団体名称	特定非営利活動法人 フローレンス
主な事業内容	・保育（訪問型病児・小規模・認可保育・障がい児） ・障害児家庭支援 ・妊娠相談・特別養子縁組斡旋 ・保育ソーシャルワーク ・働き方革命・政策提言・広報・提言活動 ・ひとり親家庭支援 ・こども宅食
勤務地	東京
職員数	直雇用 675 名（2024 年 4 月 1 日現在）
新卒採用予定人数	若干名（保育系、医療系、福祉系の新卒採用を除く）

（１４）　認定特定非営利活動法人 カタリバ

　認定特定非営利活動法人 カタリバは、社会に 10 代の居場所と出番をつくることを目指した活動をおこなう、2001 年設立の認定 NPO 法人です。

　全国各地に 10 代の秘密基地をつくる「ユースセンター起業塾」、小規模校同士をオンラインでつなぎ新たな学びを生む「学校横断型探求プロジェクト」、校則をはじめ学校の当たり前を自分たちで変えていく「みんなのルールメイキングプロジェクト」など探究テーマとの出会いやヒントとなるきっかけを、学校・放課後・地域に仕掛けるサービスを開発しています。

　また、家庭環境など何らかの課題や事情を抱える 10 代に、心の安心を届けるための居場所づくりや被災地で暮らす 10 代への教育活動支援にも取り組んでいます。

　カタリバが取り組む社会課題は、SDGs の目標に照らし合わせると下記の例が挙げられます。

（SDGs 1:貧困をなくそう）

　カタリバは貧困や被災など多様な困難を抱える 10 代に安心して過ごせる居場所を届け、スタッフとの対話による心のケアと学習支援、食事支援で成長を支えます。

（SDGs 10：人や国の不平等をなくそう）

　日本の公教育での学びにサポートが必要な高校生を対象に、多文化共生のキャリアサポートをおこなっています。多様なバックグラウンドを持つ子どもたちが自分のありたい姿を追い求めて自分自身のキャリアを築いていく支援をしています。

（SDGs 17：パートナーシップで目標を達成しよう）

　ロールモデルや選択肢が都会ほど多くない地域で育つ子どもたちに、地域ならではの豊かな人間関係や文化、自然を教育資源としたプログラムを開発。地域の企業人材や市民、教育団体にパートナーとして関わってもらうことで、地域社会のサステナブルな発展にも貢献しています。

団体名称	認定特定非営利活動法人 カタリバ
主な事業内容	・地域密着型のユースセンター運営 ・外国ルーツの子ども支援 ・不登校の子ども支援 ・困窮世帯の子ども支援 ・被災した子どもの支援 ・校則を見直すムーブメント
勤務地	東京本部、職種により異なる
職員数	130 名（2022 年 5 月現在）
新卒採用予定人数	若干名

【参考文献】

内閣府　NPO のイロハ

https://www.npo-homepage.go.jp/about/npo-kisochishiki/npoiroha　（アクセス日：2023 年 8 月 1 日）

内閣府　特定非営利活動(NPO 法人)制度の概要

https://www.npo-homepage.go.jp/about/npo-kisochishiki/nposeido-gaiyou　（アクセス日：2023 年 8 月 1 日）

朝日新聞デジタル SDGs ACTION!　NGO とは

https://www.asahi.com/sdgs/article/15001654　（アクセス日：2023 年 8 月 1 日）

総務省　独立行政法人

https://www.soumu.go.jp/main_sosiki/gyoukan/kanri/satei2_01.html　（アクセス日：2023 年 8 月 1 日）

全国公益法人協会　一般社団法人・一般財団法人とはどんな法人？

https://www.koueki.jp/blog/ippan-syadan_zaidan/　（アクセス日：2023 年 8 月 1 日）

公益財団法人日本ユニセフ協会　SDGs CLUB

https://www.unicef.or.jp/kodomo/sdgs/　（アクセス日：2023 年 8 月 1 日）

独立行政法人 国際協力機構（JICA）

https://www.jica.go.jp/（アクセス日：2024 年 5 月 2 日）

独立行政法人 国際協力機構（JICA）新卒採用ページ

https://www.jica.go.jp/recruit/shokuin/recruiting/index.html（アクセス日：2024 年 5 月 2 日）

日本赤十字社

https://www.jrc.or.jp/（アクセス日：2024 年 5 月 2 日）

日本赤十字社　2024 年新卒採用ページ

https://www.jrc.or.jp/saiyo/recruit/　（アクセス日：2024 年 5 月 2 日）

公益財団法人 日本財団

https://www.nippon-foundation.or.jp/（アクセス日：2024 年 5 月 2 日）

公益財団法人 日本財団　採用ページ

https://www.nippon-foundation.or.jp/recruit/（アクセス日：2024 年 5 月 2 日）

東京 YMCA

https://tokyo.ymca.or.jp/（アクセス日：2024 年 5 月 2 日）

独立行政法人 日本貿易振興機構

https://www.jetro.go.jp/ （アクセス日：2024 年 5 月 2 日）

独立行政法人 日本貿易振興機構 採用ページ

https://www.jetro.go.jp/recruit/（アクセス日：2024 年 5 月 2 日）

全国社会福祉協議会

https://www.shakyo.or.jp/index.html （アクセス日：2024 年 5 月 2 日）

公益財団法人国際人材協力機構(JITCO)

https://www.jitco.or.jp/ （アクセス日：2024 年 5 月 2 日）

独立行政法人 国際交流基金(JF)

https://www.jpf.go.jp/ （アクセス日：2024 年 5 月 2 日）

独立行政法人 国際交流基金(JF) 採用ページ

https://www.jpf.go.jp/j/recruit/（アクセス日：2024 年 5 月 2 日）

独立行政法人 日本学術振興会(JSPS)

https://www.jsps.go.jp/ （アクセス日：2024 年 5 月 2 日）

独立行政法人 国際観光振興機構(JNTO)

https://www.jnto.go.jp/ （アクセス日：2024 年 5 月 2 日）

公益社団法人 青年海外協力協会

https://www.joca.or.jp/ （アクセス日：2024 年 5 月 2 日）

公益社団法人世田谷区シルバー人材センター

https://webc.sjc.ne.jp/setagaya/ （アクセス日：2024 年 5 月 2 日）

特定非営利活動法人 フローレンス

https://florence.or.jp/ （アクセス日：2024 年 5 月 2 日）

特定非営利活動法人 フローレンス 採用ページ

https://florence.or.jp/staff/ （アクセス日：2024 年 5 月 2 日）

認定特定非営利活動法人 カタリバ

https://www.katariba.or.jp/ （アクセス日：2024 年 5 月 2 日）

認定特定非営利活動法人 カタリバ 採用ページ

https://www.katariba.or.jp/recruit/（アクセス日：2024 年 5 月 2 日）

マイナビ 2024

https://job.mynavi.jp/24/（アクセス日：2023 年 8 月 11 日）

マイナビ 2025

https://job.mynavi.jp/25/（アクセス日：2024 年 5 月 2 日）

リクナビ 2025

https://job.rikunabi.com/2025/（アクセス日：2024 年 5 月 2 日）

第 8 章　ソーシャル就活のための情報源

　本章では、「ソーシャル就活」のために学生一人一人が自分で探索できる情報源を紹介します。

８－１　ＳＤＧｓ
　第 4 章で紹介したように日本経済団体連合会（以下、経団連）では、Society 5.0（AI や IoT、ロボット、ビッグデータなどの革新技術をあらゆる産業や社会に取り入れることにより実現する新たな未来社会の姿）の実現を通じて SDGs を達成する、「Society 5.0 for SDGs」を推進しています。「Keidanren SDGs」は、経団連会員企業・団体が SDGs 達成に向けて取り組んでいる多種多様な事例をご紹介するプラットフォームです。事例集「Innovation for SDGs」をはじめ、「チャレンジ・ゼロ」などの環境問題への取組み、働き方改革など、様々な分野に関係する企業・団体の事例を掲載しています。（日本経済団体連合会）
https://www.keidanrensdgs.com/home

　ディップ株式会社が運営する「SDGs CONNECT」では、日本国内で SDGs に関連した企業の取り組み事例を 17 のゴール別に紹介しています。（三浦、2021）
https://sdgs-connect.com/archives/1800

　株式会社 IKUSA が運営する「SDGs コンパス」では、SDGs に対する日本企業の取り組み事例を紹介しています。（IKUSA、2023a）
https://sdgs-compass.jp/column/97
（アクセス日：2024 年 5 月 2 日）

　ククレブ・マーケティング株式会社が運営する「CCReB GATEWAY」では、SDGs への企業の取り組み事例を紹介しています。(宮寺、2022)

https://ccreb-gateway.jp/reports/sdgs-corporate-action/

(アクセス日：2024 年 5 月 2 日)

８−２ CSR

　東洋洋経済新報社が発行している『CSR 企業総覧』は、社会から評価され、長く存続できる持続性の高い会社を見つけるために必須の情報となった CSR(企業の社会的責任) の専門情報誌です。「雇用・人材活用編」と「ESG 編」の 2 冊に主要企業約 1700 社の詳細情報を収録しています。5 段階評価による格付けで、有力企業の取り組みがひとめでわかるようになっています。個人で購入するには高価ですが、大学図書館で是非調べてみてください。「雇用・人材活用編」には、ダイバーシティ、障害者雇用、ワーク・ライフ・バランス支援策などの情報、「ESG 編」には、社会貢献、SDGs、CSV、CO_2 削減や生物多様性などの環境活動、コンプライアンス、相談役・顧問制度、内部通報など環境 (E)・社会 (S)・ガバナンス(G)の幅広い ESG 分野に焦点を当てた情報が収録されています。(東洋経済新報社、2023a, 2023b)

https://str.toyokeizai.net/databook/dbs_csr_emp/

https://str.toyokeizai.net/databook/dbs_csr_esg/

　同社では、『CSR 企業総覧 (雇用・人材活用編)』『CSR 企業総覧 (ESG 編)』掲載の主要企業の情報を『CSR 企業白書』の中でランキングと業種別集計表で詳細に紹介しています。業種別集計表で全体像を把握し、個別ランキングを見ていけば優れた会社を発掘することができます。(東洋経済新報社、2023c)

https://str.toyokeizai.net/databook/dbs_csr_wp/

　有限会社インフォワードが運営する「エコほっとライン」では、多くの企業の CSR レポートや環境報告書の閲覧が可能です。また一部レポートは無料で請求することができます。(インフォワード)

https://www.ecohotline.com/

株式会社ブレインズ・ネットワークが運営する「CSR 図書館.net」では、多くの企業の CSR 報告書や統合報告書の閲覧が可能です。また一部レポートは無料で請求することができます。（ブレインズ・ネットワーク）

https://csr-toshokan.net/

８－３　ソーシャルビジネス

　アクシスコンサルティング株式会社では、社会課題の解決をテーマに「ソーシャルビジネス」を展開する国内スタートアップ・ベンチャー企業を紹介しています。（アクシスコンサルティング）

https://www.axc.ne.jp/media/careertips/socialbusiness

　株式会社 IKUSA が運営する「SDGs コンパス」では、ビジネスの手法を活用して社会的課題の解決に取り組む企業を紹介しています。（IKUSA、2023b）

https://sdgs-compass.jp/column/1969

　貧困、差別・偏見、環境問題などの社会の諸問題を解決する事業を通じて、より良い社会を築いていくことを使命とする株式式会社ボーダレス・ジャパンは、ソーシャルビジネス企業を紹介しています。（ボーダレス・ジャパン）

https://www.borderless-japan.com/all/social-business/65566/

８－４　ＮＰＯ・社会的企業

　「国内ソーシャルセクターの人材・資金不足を解決するプラットフォームをつくり、関わる全ての人々を幸せに。」というビジョンを掲げる株式会社 activo では、国内最大級の NPO・社会的企業のボランティア・職員/バイトの情報サイト「activo」を運営しています。「何か力になりたい人」と「力を必要としている非営利組織」が出逢い、最終的には助けを必要としている人々に確実に支援を届けるための仕組みを創っていきたいと考えています。（activo）

https://activo.jp/

8－5　エシカル企業

　「テクノロジーで産業界の SX を加速させる」をミッションに、サステナビリティに力を入れている企業と学生をマッチングする「エシカル就活」を運営する株式会社アレスグッドは、社会課題解決に取り組む企業をまとめたエシカル企業・団体カオスマップを公開しています。同社では、社会課題の解決に興味・関心を持ち、就職活動に取り組んでいる学生が抱えている「どの企業が、どんな社会課題に取り組んでいるのかを網羅的に知ることが難しい」という課題を解決するために、社会課題別にカオスマップを制作しています。（アレスグッド、2023）

https://prtimes.jp/main/html/rd/p/000000011.000076773.html

8－6　国際キャリア

　「PARTNER」は、国際協力の分野で活躍を目指す個人の方と、国際協力に関わる人材を求めている企業・団体を結び付けるとともに、国際協力に携わるまで／携わってからのキャリア形成に有用な情報を提供する「国際キャリア総合情報サイト」です。「オールジャパンの国際協力活動促進」という理念のもと、独立行政法人国際協力機構（以下「JICA」という。）が管理・運営しており、国際協力に関わる全ての方々のために、JICA の情報のみならず、国際機関、開発コンサルティング企業、国際協力 NGO/NPO、国際協力関連機関、政府機関・地方自治体、大学、民間企業など、幅広い実施主体の国際協力関連情報を発信しています。（国際協力機構）

https://partner.jica.go.jp/PartnerHome

　ほかにも様々な情報源があると思います。各自の問題意識に基づいて、自ら主体的に考え、能動的に情報を収集し、調査・分析し、自ら判断・行動する就職活動にしていきましょう。

【参考文献】

アクシスコンサルティング、「社会課題の解決(ソーシャルビジネス)に取り組む企業一覧」、

　アクシスコンサルティング株式会社

　　https://www.axc.ne.jp/media/careertips/socialbusiness

　（アクセス日：2024 年 5 月 2 日）

activoHP、株式会社 activo

　　https://activo.jp/（アクセス日：2024 年 5 月 2 日）

アレスグッド、2023 年、「エシカル就活のアレスグッド、社会課題別の

　「エシカル企業・団体カオスマップ」を公開」、『PR　TIMES』

　　https://prtimes.jp/main/html/rd/p/000000011.000076773.html（アクセス日：2024 年 5 月 2 日）

IKUSA、2023 年 a、「SDGs に対する企業の取り組み事例 20 選」、『SDGsコンパス』、

　株式会社 IKUSA

　　https://sdgs-compass.jp/column/97（アクセス日：2024 年 5 月 2 日）

IKUSA、2023 年 b、「ソーシャルビジネスの企業事例 20 選」、『SDGsコンパス』、

　株式会社 IKUSA

　　https://sdgs-compass.jp/column/1969（アクセス日：2024 年 5 月 2 日）

インフォワード、「エコほっとライン」、有限会社インフォワード

　　https://www.ecohotline.com/（アクセス日：2023 年 8 月 20 日）

国際協力機構、「PARTNER」、独立行政法人国際協力機構

　　https://partner.jica.go.jp/PartnerHome（アクセス日：2024 年 5 月 2 日）

東洋経済新報社、2023 年 a、『CSR 企業総覧(ESG 編)2024 年版』、東洋経済新報社

東洋経済新報社、2023 年 b、『CSR 企業総覧(雇用・人材活用編)2024 年版』、東洋経済新報社

東洋経済新報社、2023 年 c、『CSR 企業白書 2023』、東洋経済新報社

日本経済団体連合会、「Keidanren SDGs」

　　https://www.keidanrensdgs.com/home （アクセス日：2024 年 5 月 2 日）

ブレインズ・ネットワーク、「CSR 図書館.net」、株式会社ブレインズ・ネットワーク

　　https://csr-toshokan.net/ （アクセス日：2024 年 5 月 2 日）

ボーダレス・ジャパン、2023 年、「ソーシャルビジネス事例一覧

　〜社会課題をビジネスで解決する企業・アイデア」

　　https://www.borderless-japan.com/words/case-study/

（アクセス日：2024 年 5 月 2 日）

三浦莉奈、2021 年、「SDGs の取り組み事例 51 選」、『SDGs CONNECT』、ディップ株式会社

　https://sdgs-connect.com/archives/1800（アクセス日：2024 年 5 月 2 日）

宮寺之裕、2022 年、「企業の SDGs への取り組み事例 20 選」、『CCReB GATEWAY』、

　ククレブ・マーケティング株式会社

　https://ccreb-gateway.jp/reports/sdgs-corporate-action/（アクセス日：2024 年 5 月 2 日）

おわりに

　新型コロナウィルスの感染やロシアによるウクライナ侵攻などまさに「VUCA の時代」が到来しています。VUCA とは、V（Volatility：変動性）、U（Uncertainty：不確実性）、C（Complexity：複雑性）、A（Ambiguity：曖昧性）の頭文字をとった造語で、「先行きが不透明で、将来の予測が困難な状態」を指します。

　2012 年の中央教育審議会の答申「新たな未来を築くための大学教育の質的転換に向けて」では、日本社会を次のように概観しています。

> 我が国は未曾有の災害である東日本大震災に見舞われたほか、政治、経済、社会、文化、その他多方面にわたり、当時よりも更に大きな構造的変化に直面している。グローバル化や情報化の進展、少子高齢化などの社会の急激な変化は、社会の活力の低下、経済状況の厳しさの拡大、地域間の格差の広がり、日本型雇用環境の変容、産業構造の変化、人間関係の希薄化、格差の再生産・固定化、豊かさの変容など、様々な形で我が国社会のあらゆる側面に影響を及ぼしている。さらに、知識を基盤とする経営の進展、労働市場や就業状況の流動化、情報流通の加速化や価値観の急速な変化などが伴い、個人にとっても社会にとっても将来の予測が困難な時代が到来しつつある。（中央教育審議会、2012 年、「新たな未来を築くための大学教育の質的転換に向けて」、文部科学省、P. 1）

　同答申によれば、将来の予測が困難な時代にあって「未来を見通し、これからの社会を担い、未知の時代を切り拓く力のある学生」を大学で育成することが強く期待されています。社会をデザインする人材の育成は国家的な課題でもあるのです。

　経営学者のピーター・ドラッカーは「最初の仕事はくじ引きである。最初から適した仕事につく確率は高くない」と述べています。現実的には転職市場も隆盛で、「新卒で入った会社と合わなければ転職すればよい」と考える学生も多く、

また筆者もそう学生に諭しています。

　それでもなお「ソーシャル就活」が重要である理由は以下の３点です。第１に就職とは本来自分がどのように社会に貢献できるかを考える機会であるからです。働くことには「個性の発揮」「役割の実現」「生計の維持」という側面があります。もちろん経済的側面も看過できませんが、自分らしい「個性の発揮」と社会への「役割の実現」無くして働きがいは得られません。第２に地球社会が危機的状況にあることです。SDGs は 2030 年までに達成すべき目標を掲げていますが、誤解を恐れずに言えば現実的に達成は難しいでしょう。一人一人がより良い社会をデザインし、変革の担い手になること無くして 21 世紀の地球社会に未来はありません。第３に自立的にキャリアを選択し形成していくことが大切であるからです。既存の就職ナビサイトが貴重で有益な情報を提供してくれることに疑いはありませんが、ただ盲目的に受容しているだけではよくありません。自ら主体的に考え、就職ナビサイトに限ることなく能動的に情報を収集し、調査・分析し、自ら判断・行動する就職活動にして欲しいと切に願っています。就職活動は「人としての生き方・あり方」が問われる営みでもあるのです。

　「ソーシャル就活」は「社会のために貢献したい」と願う学生に向けたアドバイスですが、一方で企業や社会に向けたメッセージでもあります。就職活動や採用活動を起点に、個人の成長・幸福と企業の進化・発展が相乗的に促進し、より良い社会が少しずつでも実現していくことを祈念しています。

　2024 年夏　一人一人の成長と幸福を祈りながら

安齋　　徹

新保　友恵

索　引

執筆者

安齋徹（あんざいとおる）**清泉女子大学文学部地球市民学科　教授**

1960 年東京都生まれ。1984 年一橋大学法学部卒業。2009 年立教大学大学院 21 世紀社会デザイン研究科修士課程修了、修士（社会デザイン学）。2015 年早稲田大学大学院社会科学研究科博士課程修了、博士（学術）。

1984〜2012 年三菱信託銀行（現三菱 UFJ 信託銀行）勤務、2012 年群馬県立女子大学（国際コミュニケーション学部）准教授、2016 年同大学教授、2018 年目白大学（メディア学部）教授を経て、2020 年 4 月から現職。

28 年間にわたる企業勤務では、営業・企画・事務・海外・秘書・人事・研修など様々な業務を経験。ニューヨーク駐在、社長秘書、部門の人事統括責任者などを歴任。現在は日本で唯一の地球市民学科（2025 年 4 月より地球市民学部）で、閉塞感漂う社会や企業に少しでも風穴を開けられるような元気と勇気のある人材を育成することに邁進中。安齋ゼミでは「日本一ワクワクドキドキするゼミ」を目指して「教室を飛び出す学び」を志向、企業や地域などと様々なプロジェクトに積極的に取り組んでいる。

一般社団法人 WE association 監事、聖心女子大学非常勤講師、日本女子大学現代女性キャリア研究所客員研究員、産業カウンセラー、国家資格キャリアコンサルタント、元社会デザイン学会副会長・監事・理事、元日本ビジネス実務学会監事。

専門は社会デザイン学、人的資源管理論、女性人材の育成など。

著書『企業人の社会貢献意識はどう変わったのか〜社会的責任の自覚と実践〜』（ミネルヴァ書房）『女性の未来に大学ができること〜大学における人材育成の新境地〜』（樹村房）『女性のためのキャリアデザイン〜20 歳にとくに知っておいてほしいこと〜』（共著、樹村房）『アニメ映画から考える生き方のヒント〜人生 100 年時代の女性のキャリア〜』（共著、樹村房）『ジェンダー研究と社会デザインの現在』（分担執筆、三恵社）

新保友恵（しんぼともえ）**千葉経済大学経済学部経営学科 専任講師**

1978年鹿児島県生まれ。2001年成蹊大学法学部卒業、2019年立教大学 21世紀社会デザイン研究科修士課程修了、修士（社会デザイン学）。

企業勤務後、2014年から大学生のキャリア支援職に従事。2019年お茶の水女子大学学生・キャリア支援センターアソシエイトフェロー、2020年名古屋産業大学特任講師、2022年東京経済大学特任講師を経て2024年4月から現職。

大学卒業後、出版社で合計7年間、営業・出版企画・イベント運営・広報・採用面接・研修などの業務に従事。結婚を機に出版社を退職し、シェアリングサービスを展開する軒先株式会社で営業部マネージャーとして、自身が営業・広報業務を行なうとともに採用面接・教育も担当。新規学卒未就職者に対する採用・人材開発業務をきっかけに、対学生キャリア支援に興味を持ちキャリア支援職に転身。淑徳大学、学習院女子大学、帝京大学グループなどにおいてキャリアカウンセラー職。東京都中小企業振興公社において工業高校・工業専門学校のインターンシップコーディネータ。高校でのキャリア講座講師。自治体・団体（厚生労働省、東京都福祉保健局、神奈川県福祉子どもみらい局、茨城県教育委員会、埼玉県越谷市、NPO法人しんぐるまざあず・ふぉーらむ）を委託元とした主に若年層や女性向けキャリア支援や相談業務。そのほか、民間企業や保育園の社内・園内研修講師や採用、人材定着支援に従事。
国家資格キャリアコンサルタント、日本キャリア開発協会認定キャリア・デベロップメント・アドバイザー、女性と仕事研究所認定育休後アドバイザー

専門は社会デザイン学、キャリア教育など。

著書『経営専門職入門: 幸福をもたらす社会ビジネスデザインとは』（共著、日科技連出版社）『キャリアモデルケーススタディ』（DTP出版）

ソーシャル就活ガイドブック
～SDGs時代におけるZ世代の選択肢～

2024年7月31日　初 版 発 行

著 者　　安齋 徹
　　　　　新保 友惠

発行所　　株 式 会 社　　三 恵 社
　　　　　〒462-0056 愛知県名古屋市北区中丸町2-24-1
　　　　　TEL 052 (915) 5211
　　　　　FAX 052 (915) 5019
　　　　　URL http://www.sankeisha.com

ISBN978-4-86693-983-4